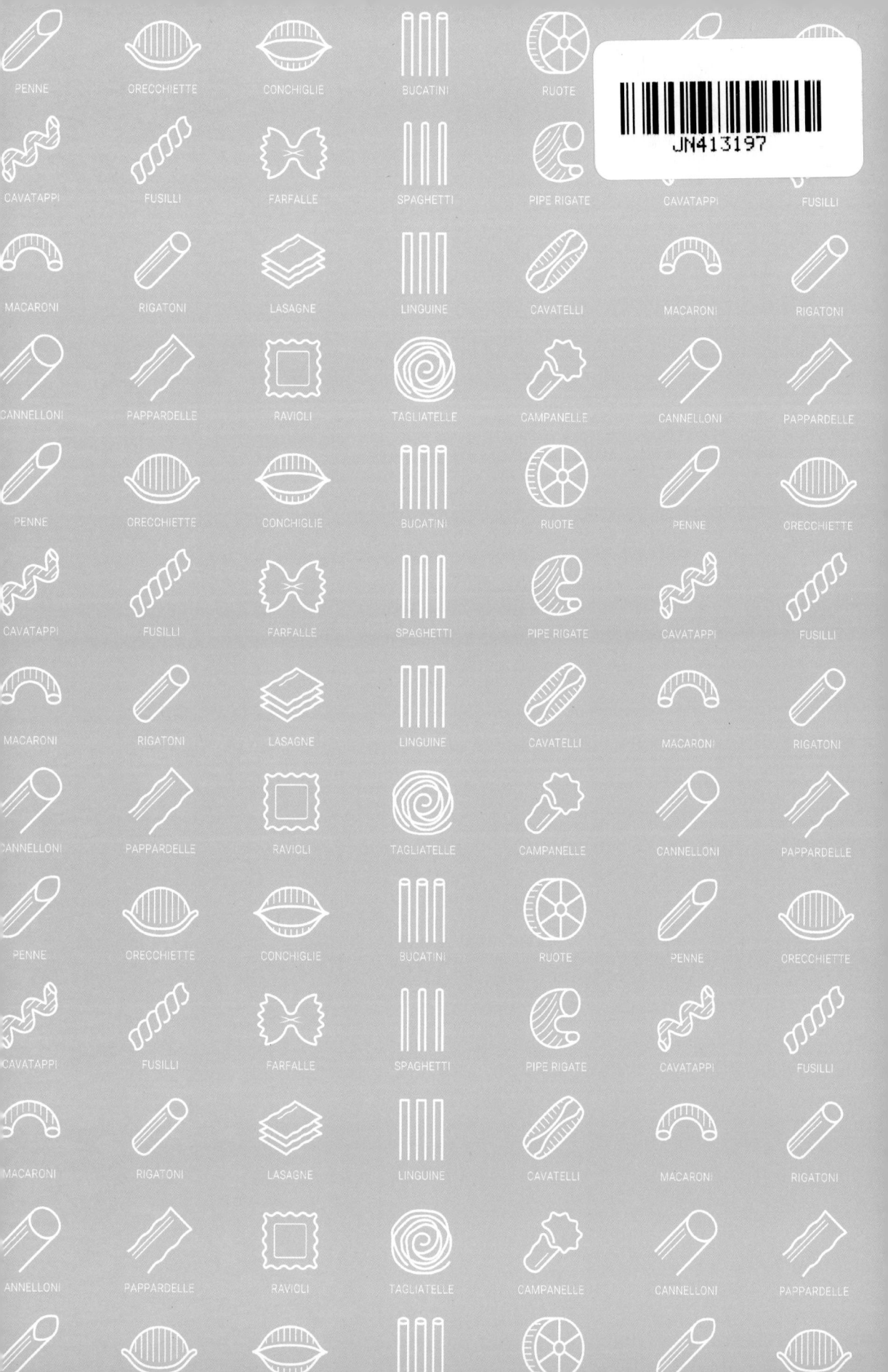

# 그 남자의 요리

이재훈 셰프의 첫 번째 이야기

# 그 남자의 요리

**펴낸날** 초판 1쇄 2018년 3월 30일
2쇄 2018년 4월 6일

**지은이** 이재훈

**펴낸이** 강진수
**편집인** 김은숙
**디자인** 강현미
**사진** 조은선, 조정희
**요리 어시스트** 라방식구 김동희, 김진교, 임덕수
**장소협찬** LG 시그니처 키친 스위트 쇼룸
**재료협찬** 돼지고기(아그로수퍼)

**인쇄** (주)우진코니티

**펴낸곳** (주)북스고 | **출판등록** 제2017-000136호 2017년 11월 23일
**주소** 서울시 중구 퇴계로 253(충무로 5가) 삼오빌딩 705호
**전화** (02) 6403-0042 | **팩스** (02) 6499-1053

ⓒ 이재훈, 2018

ISBN 979-11-962927-2-0 13590

이 도서의 국립중앙도서관 출판예정도서목록(CIP)은 서지정보유통지원시스템 홈페이지(http://seoji.nl.go.kr)와
국가자료공동목록시스템(http://www.nl.go.kr/kolisnet)에서 이용하실 수 있습니다.(CIP제어번호: CIP2018009128)

책 출간을 원하시는 분은 이메일 booksgo@booksgo.co.kr로 간단한 개요와 취지, 연락처 등을 보내주세요.
Booksgo는 건강하고 행복한 삶을 위한 가치 있는 콘텐츠를 만듭니다.

# 그 남자의 요리

### 이재훈 셰프의 첫 번째 이야기

이재훈 지음

Booksgo

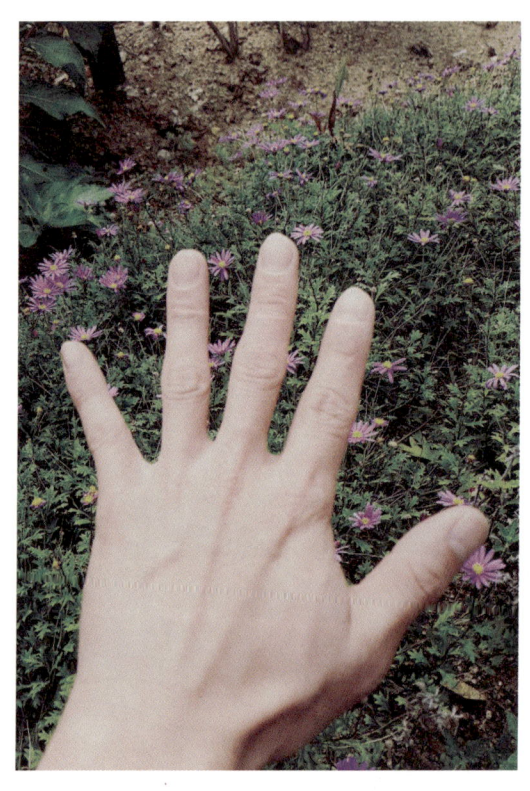

문득 지금 하는 일이
누군가의 배고픔을 채우기 이전에
기억을 찾아주는 일이라는 생각이 든다.

*prologue*

혹시 식사할 수 있을까요?

짧고 낮은 목소리로 내게 말을 걸어왔다.

마감 시간이 다 된 늦은 시간이었지만 허기짐으로 가득한 그 표정을 차마 거절할 수 없어서 자리로 안내했다.

익숙한 듯 자리를 잡고 준비된 메뉴판을 주욱 훑어보더니 음식을 주문했다.

음식이 나오기 전까지 한동안 멍하게 창밖을 바라보던 그는 주문한 음식과 와인이 나오자 환한 미소를 띄었다.

파스타 한 입과 와인으로 목을 적시며 멍하니 창밖을 바라보기를 반복하더니 이내 옆자리에 놓아두었던 옷과 가방을 주섬주섬 챙기고는 카운터 쪽으로 다가왔다.

"음식을 좀 남기신 것 같던데 입맛에 맞지 않으셨나요?"

"아니에요. 참 맛있었어요. 늦은 시간에 감사했어요. 오늘 먹은 파스타는 예전에 만났던 친구랑 먹었던 음식인데... 그 친구가 참 좋아 했거든요. 오늘 갑자기 그 친구가 생각나서 무작정 나왔는데 변함없이 맛있네요."

그는 계산을 하고 식당을 나갔다.

파스타를 먹을 때마다 전에 만났던 어떤 이가 생각났던 걸까?
음식을 마주보고 누군가가 다시 떠올라 목이 메인 걸까?

남아있는 온기가 서린 접시를 거두면서 나도 모르게 그가 바라봤던 창밖을 응시했다.

문득 지금 하는 일이 누군가의 배고픔을 채우기 이전에 기억을 찾아주는 일이라는 생각이 든다.

기억의 많은 부분이 손끝의 아련한 기억과 함께 맛의 순간으로 남아 있기에 그런가 보다.

이재훈

**시작하기 전에**

- 이 책의 모든 요리는 2인분을 기준으로 하였습니다.

- 요리에 사용한 재료는 계량컵과 계량스푼을 사용하여 계량하였습니다.
  1TS는 1 테이블스푼(큰 숟가락)을 의미하며 15ml입니다.
  1ts는 1 티스푼(작은 숟가락)을 의미하며 5ml입니다.

- 이 책의 모든 요리에 한주꽃소금을 사용하였습니다.

- 이 책에서 사용한 모든 주방기기는 LG 시그니처 키친 스위트 빌트인 제품입니다.

 CONTENS

 PART 01 기본 소스와 드레싱

# 에피타이저와 샐러드

# 스프

# 파스타

# PART 05 리소토와 해산물, 고기 요리

# PART 06 디저트

PART
01

기본 소스와
드레싱

치킨 스톡

비스큐

조개 스톡

채소 스톡

피클즈스

# 치킨 스톡

음식에 감칠맛을 더해 줄 닭 육수로 각종 소스와 파스타의 기본이 된다.

1 채소는 깨끗이 씻는다.

2 채소는 볶기 좋게 듬성듬성 썬다.

3 닭 뼈는 250도 오븐에서 20여 분간 노릇하게 굽는다.

4 냄비에 오일을 두르고 채소를 넣어 볶은 후 구워진 닭 뼈를 넣는다.

5 냄비에 물을 붓고, 타임, 로즈마리, 월계수를 넣어 끓기 시작하면 약불로 2시간을 끓인다.

6 체와 면포로 내용물을 건져낸 후 사용한다.

 기본 재료

닭 뼈 2마리, 양파 1개, 당근 1/2개, 셀러리 2줄기, 로즈마리 2줄기, 타임 3줄기, 월계수 2장, 물 2.5L, 올리브유

# 채소 스톡

채소를 이용하여 만든 육수로 음식의 깔끔한 맛과 풍미를 더한다.

1 채소는 깨끗이 씻는다.

2 채소는 볶기 좋게 듬성듬성 썬다.

3 냄비에 오일을 두르고 토마토를 제외한 채소를 볶는다.

4 볶은 채소에 물을 넣고 토마토는 반으로 잘라 넣은 후 강불로 끓인다.

5 물이 끓기 시작하면 불을 줄이고 약불에서 1시간 가량 끓인다.

6 체와 면포로 내용물을 건져낸 후 사용한다.

 기본 재료

양파 1개, 셀러리 1줄기, 당근 1/4개, 애호박 1/2개, 대파 1줄기, 토마토 1개, 마늘 5개, 물 2.5L, 올리브유

# 조개 스톡

조개로 만든 육수로 해산물 요리에 빠지지 않는다.

1 채소는 깨끗하게 씻는다.

2 채소는 볶기 좋게 듬성듬성 썬다.

3 냄비에 오일을 두르고 채소를 볶는다.

4 볶은 채소에 물을 넣고 조개를 넣은 후 강불로 끓인다.

5 물이 끓기 시작하면 불을 줄이고, 체와 면포로 내용물을 건져낸 후 사용한다.

 기본 재료

양파 1개, 셀러리 1줄기, 당근 1/4개, 바지락 1kg, 홍합 500g, 모시조개 500g, 물 2L, 올리브유

# 피클쥬스

오이, 무, 비트, 양배추 등의 채소를 넣어 하루 정도 숙성시키면 맛있는 홈메이드 피클을 만들 수 있다.
한 번 끓여 놓으면 두고두고 맛있는 피클을 만들 수 있다.

1 냄비에 식초를 제외한 나머지 재료를 넣고 끓인다. 이때 설탕이 탈 수 있으니 설탕이 녹을 때까지

젓는다.

2 피클 물이 끓기 시작하면 식초를 넣는다.

3 식초물이 다시 끓기 시작하면 불을 끄고 체를 이용해서 피클링 스파이스를 건져내고 사용한다.

 기본 재료

피클링 스파이스 100g, 설탕 1.6kg, 소금 160g, 식초 1L, 물 2L

# 비스큐

새우의 고소한 맛이 살아 있는 소스로 새우 대신 꽃게나 랍스터 껍질을 사용해도 좋다.

1 채소는 듬성듬성 썬 후 냄비에 볶는다.

2 볶은 채소에 새우를 껍질째 볶아준 후 와인을 넣는다.

3 다른 팬에서 오일을 살짝 두르고 약불에서 토마토 페이스트의 색이 조금 짙어지고 윤기가 흐를 정도로 볶는다.

4 볶은 토마토 페이스트를 2의 냄비에 넣고 내용물이 잠길 정도의 물을 넣고 끓인다.

5 끓기 시작하면 토마토, 타임, 월계수, 통후추를 넣고 약불에서 1시간 가량 끓인다.

6 체에 내려 사용한다.

 기본 재료

마늘 5개, 양파 1개, 셀러리 2줄기, 당근 1/3개, 대파 1줄기, 토마토 1개, 월계수 2장, 타임 5줄기, 토마토 페이스트 1TS, 새우 500g, 통후추 10알, 화이트 와인 50ml

토마토소스

발사믹 리덕션

갈릭 퓨레

데리야끼

이탈리안 드레싱

# 토마토소스

토마토소스를 이용한 모든 요리에 사용한다. 신선한 바질을 넣으면 맛의 풍미가 살아난다.
오래 끓이면 맛이 너무 진해지기에 주의한다.

1 양파는 1.5cm 크기의 사각형으로 썰고 마늘은 편 썰기를 한다.

2 냄비에 오일을 두르고 양파와 마늘을 넣어 양파가 갈색 빛이 돌게 볶는다.

3 토마토 홀을 손으로 으깬다.

4 으깬 토마토를 냄비에 넣고 끓인다.

5 끓기 시작하면 설탕, 소금, 월계수를 넣고 약불로 바꾼 뒤 10분간 더 끓인다.

 기본 재료

토마토홀 1캔, 양파 1개, 마늘 3개, 설탕 40g, 꽃소금 10g, 월계수 3장, 올리브유

# 발사믹 리덕션

샐러드, 에피타이저, 스테이크 등 여러 음식에 곁들인다.
식초를 불에 졸여내 신맛은 거의 없고 달콤함이 배가 된 마법 같은 소스다.

1 냄비에 모든 재료를 넣는다.

2 냄비의 내용물이 끓기 시작하면 약불로 줄인다.

3 내용물이 1/2로 줄면 불을 끄고 식힌 후 사용한다.

 기본 재료

발사믹 식초 500ml, 레드 와인 50ml, 꿀 120g, 설탕 80g

# 데리야끼 소스

간장을 기본으로 만든다.
한번 만들어 놓으면 꼬치구이, 볶음 등에 다양하게 활용할 수 있다.

1 냄비에 모든 재료를 넣는다.

2 주걱으로 저으며 설탕을 녹여준 후 끓기 시작하면 약불로 줄인다.

3 약불로 줄인 후 1시간을 더 끓인다.

4 체로 건더기를 걸러내고 사용한다.

 기본 재료

물 1L, 간장 500ml, 미림 500ml, 설탕 500g, 대파 3줄기, 양파 1개, 생강 1개, 마늘 5개, 레몬 1/2개

# 이탈리안 드레싱

이탈리아 사람의 냉장고를 열면 있을법한 재료들을 모아 만든 맛있는 드레싱이다.
유럽뿐만 아니라 우리 입맛에도 딱이다.

1 양파와 올리브는 곱게 다진다.

2 바질도 얇게 자른다.

3 다진 양파와 바질, 와인 비네거, 토마토소스, 간 마늘을 볼에 담고 엑스트라 버진을 조금씩 넣어
가며 휘퍼로 식초와 오일이 분리되지 않도록 쳐준다.

4 꿀, 소금, 후추를 넣어 다시금 쳐내어 완성한다.

 기본 재료

화이트 와인 비네거 250ml, 엑스트라 버진 250ml, 간 마늘 1/2TS, 바질 5장, 양파 20g, 블랙 올리브 3개, 꿀 100ml,
토마토소스 5TS, 소금 1/3ts, 후추 1/3ts

# 갈릭 퓨레

마늘을 볶고 크림과 함께 갈아서 매운맛은 줄이고 기분 좋은 마늘 향만 느낄 수 있다.

1 팬에 오일을 두르고 마늘은 으깨어 색이 나게 약불로 굽는다.

2 양파는 얇게 썰어 1에 넣고 색이 나게 볶는다.

3 버터를 넣어 완전히 녹인 후 우유, 생크림, 설탕을 넣고 약불로 10분간 끓인다.

4 믹서로 갈아서 사용한다. 갈릭 퓨레는 스테이크에 사용한다.

 기본 재료

마늘 250g, 양파 30g, 버터 30g, 우유 200ml, 생크림 200ml, 설탕 1TS, 올리브유

바질 페스토

송로 마요네즈

루꼴라 페스토

레몬 오일

바질 오일

# 바질 오일

초록빛의 상큼한 색깔의 바질 오일은 샐러드에 뿌려 먹거나 에피타이저에 곁들인다.

1 바질은 뜨거운 물에 살짝 데친다.

2 물기를 닦고 엑스트라 버진과 함께 간다.

3 면보로 걸러서 오일만 사용한다.

 기본 재료

바질 30장, 엑스트라 버진 300ml

# 레몬 오일

레몬 향이 느껴지는 오일로, 레몬 대신 라임과 자몽의 껍질을 넣어 색다른 향을 느낄 수 있다.

1 레몬은 깨끗이 씻은 후 필러를 이용해서 껍질을 벗긴다.

2 벗겨낸 껍질에서 흰 부분을 제거한다. 흰 부분이 들어가면 오일이 텁텁해진다.

3 엑스트라 버진에 벗겨낸 껍질을 넣고 3일간 어두운 곳에 둔다.

4 체로 껍질을 걸러 사용한다.

 기본 재료

레몬 5개, 엑스트라 버진 300ml

# 바질 페스토

페스토는 이탈리아 말로 '다지다'란 뜻을 가지고 있다.
신선한 바질을 듬뿍 갈아서 파스타나 샌드위치, 치즈 등에 곁들인다.

1 잣을 250도 오븐에서 노릇하게 2분간 굽는다.

2 바질은 줄기를 제거하고 잎만 모아둔다.

3 믹서에 모든 재료를 넣고 갈아서 사용한다.

 기본 재료

바질 50g, 엔초비 1마리, 마늘 1개, 잣 30g, 엑스트라 버진 200ml, 그라나 파다노 치즈 50g, 소금 1/4ts, 후추 1/4ts

# 루꼴라 페스토

바질과는 다른 매력을 가지고 있는 페스토로, 알싸하고 고소한 맛이 일품이다.

1 잣을 250도 오븐에서 노릇하게 2분간 굽는다.

2 루꼴라 줄기를 제거하고 잎만 모아둔다.

3 믹서에 모든 재료를 넣고 갈아서 사용한다.

 기본 재료

루꼴라 50g, 마늘 1개, 잣 30g, 엑스트라 버진 180ml, 그라나 파다노 치즈 50g, 소금 1/4ts, 후추 1/4ts

# 송로 마요네즈

송로버섯의 깊은 향을 느낄 수 있다. 스테이크나 바비큐에 곁들인다.

1 모든 재료를 모두 잘 섞어준 후 사용한다.

2 송로 마요네즈는 스테이크와 샐러드에 주로 사용한다.

 기본 재료

송로 오일 20ml, 마요네즈 100ml, 후추 1/4ts

폰도 브루노

발사믹 드레싱

레몬 드레싱

볼로네제 소스

# 폰도 브루노(폰드뷰)

오랜 시간 끓이기에 가장 정성이 많이 들어간다.
사골 육수와 채소의 풍미가 살아있는 최고의 스테이크 소스다.

1 사골과 잡뼈를 찬물에 담가 핏물을 뺀다.

2 250도 오븐에서 사골과 잡뼈를 노릇하게 굽는다.

3 채소들도 듬성듬성 썰어 250도 오븐에서 노릇한 색이 나게 굽는다.

4 깊은 냄비에 구워진 고기와 채소를 넣고 물을 부어 끓인다.

5 팬에 오일을 두르고 토마토 페이스트를 볶는다.

6 냄비에 볶은 토마토 페이스트, 월계수, 타임, 로즈마리, 토마토, 와인, 통후추를 넣고 약불에서 6
시간씩 3일간 끓인다. 매일 매일 물을 3L씩 보충하여 농도를 확인한다.

7 채소가 다 물러지고 소스의 농도가 걸쭉해지면 체로 뼈와 채소를 걸러내 식힌 후 냉장고에 보관
한다.

8 냉장고에 넣어 하루를 지낸 후 소스를 꺼내 소스 위에 덩어리진 기름은 건져내고 사용한다.

 기본 재료

사골 1kg, 잡뼈 1kg, 양파 2개, 당근 1개, 셀러리 3줄기, 대파 2줄기, 토마토 3개, 레드 와인 300ml, 토마토 페이스트
4TS, 마늘 10개, 로즈마리 5줄기, 타임 5줄기, 월계수 5장, 통후추 10알, 물 10L

# 레몬 드레싱

레몬의 상큼함이 그대로 전해지는 드레싱이다. 레몬 대신 귤이나 자몽으로도 멋진 드레싱을 만들 수 있다.

1 레몬은 반을 자른 후 레몬스퀴시에 넣고 즙을 짠다.

2 레몬즙을 볼에 담고 올리브유를 조금씩 넣어가며 휘퍼로 레몬즙과 오일이 분리되지 않도록 친다.

3 소금, 후추, 꿀을 넣고 다시 쳐서 완성한다.

 기본 재료

레몬 8개, 꿀 100ml, 올리브유 370ml, 소금 1/2ts, 후추 1/3ts

# 발사믹 드레싱

발사믹 식초의 새콤하고 달콤함을 느낄 수 있는 드레싱이다.

1 양파는 가볍게 다진다.

2 바질도 얇게 자른다.

3 다진 양파와 바질, 발사믹 식초를 볼에 담고 엑스트라 버진을 조금씩 넣어가며 휘퍼로 식초와 오일이 분리되지 않게 친다.

4 꿀, 소금, 후추를 넣고 다시 쳐서 완성한다

 기본 재료

발사믹 식초 250ml, 엑스트라 버진 250ml, 꿀 60g, 양파 1/4개, 바질 5장, 소금 1/3ts, 후추 1/3ts

# 볼로네제 소스

잘 끓여낸 볼로네제 소스에 스파게티 면이나 밥을 비벼 먹으면 그것이 바로 행복이다.
소고기와 돼지고기를 섞어서 만들면 금상첨화!

1 모든 채소는 곱게 다진다.

2 팬에 올리브유를 두르고 마늘을 으깬 후 넣는다.

3 마늘 기름이 난 팬에 고기를 넣어 바삭하게 볶아준 후 레드 와인을 붓는다.

4 다른 팬에 올리브유를 두르고 곱게 다진 채소를 볶는다.

5 냄비에 토마토홀을 넣고 손으로 으깬다.

6 으깨놓은 토마토홀에 볶은 채소와 고기, 물을 넣고 끓인다.

7 끓기 시작하면 약불로 바꾸고 2시간을 저어가며 끓인다. 불에서 빼기 직전에 계피와 치즈를 넣어 마무리한다.

 **기본 재료**

토마토홀 1캔, 양파 1개, 당근 1/3개, 양송이 5개, 셀러리 1줄기, 월계수 2장, 통마늘 5개, 우민찌 1kg, 계피 15g, 그라나 파다노 치즈 100g, 레드 와인 100ml, 소금 1/3ts, 후추 1/3ts, 물 1L, 올리브유

그렇게 낯선 곳에서 외로움에 지쳐
하루하루 똑같은 나날을 반복하고 있었다.

## his story

낯선 곳에서 때론 말이 없는 사물에게 위로를 받을 때가 있다.

나 역시 이탈리아라는 낯선 땅에서 적응하려면 정붙일 누군갈 찾아야만 했지만 어쭙잖은 이탈리아어를 하는 동양인에게는 쉽지 않은 일이었다.

그렇게 낯선 곳에서 외로움에 지쳐 하루하루 똑같은 나날을 반복하고 있었다.

숙소에서 내가 일하는 레스토랑까지는 도보로 30분. 약간의 오르막인 길을 아침 출근길에 걷다 보면 셰프와 홀 주방 식구들이 차와 오토바이를 타고 스쳐 지나가며 '본조르노'라고 외친다.

본조르노는 원래 '좋은 아침!'이란 뜻인데 사실 아침마다 이 말을 외칠 때 걷느라 힘들어서 형식적으로 인사하기 일쑤였다.

그들의 멀어져가는 뒷모습을 바라보며 힘 빠진 본조르노의 외침으로 시작되던 어느 날, 셰프는 주방에 출근한 나를 조용히 불러냈다.

"이제부터 난 돈키호테,
넌 로시난테다.
앞으로 유학생활 잘 부탁한다."

"레오나르도 선물이 하나 있어! 앞으로 출근할 때마다 이걸 이용해."

셰프는 낡은 자전거 하나를 의기양양하게 내밀었다.
기어 변속도 안 되고 곳곳에 스크래치가 나있는 오래된 자전거였지만, 그 자전거를 어루만지며 너무나도 황홀했다.

그날 저녁 크리스마스 선물을 기다리던 어린아이처럼 저녁일이 끝나기만을 기다렸다.
드디어 기다리고 기다리던 퇴근시간, 주방 바로 앞 한쪽 구석에 놓인 자전거는 마치 인사하듯 몹시도 반짝이며 나를 바라봤다.

자전거에 올라타 페달을 밟는 순간 쌩 하는 소리와 함께 밤공기를 가르며 어둠 속을 달리기 시작했다.
자전거에 앉아 바람을 가르며 달릴 때 몹시도 상쾌한 기분을 느끼며 심장이 두근거리고 분명코 끝이 찡해져왔다.

집으로 돌아온 밤, 맥주 한 잔을 기세 좋게 들이키며 그 녀석에게 이름을 붙여 주기로 했다

"이제부터 난 돈키호테, 넌 로시난테다. 앞으로 유학생활 잘 부탁한다."

시원한 맥주와 나의 로시난테를 바라보며 설레는 밤이 저물어 가고 있었다.

PART
02

에피타이저와
샐러드

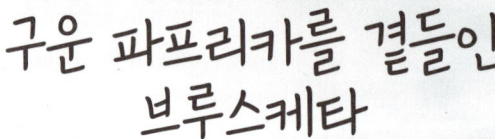

# 구운 파프리카를 곁들인
# 브루스케타

---

파프리카는 구우면 훨씬 부드럽고 당도가 높아진다.
파프리카 대신 피망을 써도 맛있는 브루스케타를 만들 수 있다.

1 바게트는 1cm 두께로 썬 후 250도 오븐에서 3분간 노릇하게 굽는다.

2 파프리카는 가스레인지에 돌려가며 검게 되도록 태운다.

3 파프리카의 탄 껍질을 벗겨내고 꼭지와 안에 있는 씨를 제거한 후 키친타올로 감싼다.

4 구운 파프리카는 물기를 제거한 후 얇게 썬다.

5 썬 파프리카를 볼에 담고 엑스트라 버진과 소금, 후추, 바질을 넣어 섞는다.

6 구운 바게트 위에 파프리카를 올리고 그라나 파다노 치즈를 뿌린다.

 기본 재료

바게트 1/3개, 노랑 파프리카 1개, 빨강 파프리카 1개, 바질 2장, 간 마늘 1ts, 엑스트라 버진 2TS, 그라나 파다노 치즈, 소금, 후추

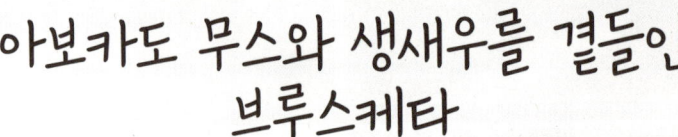

# 아보카도 무스와 생새우를 곁들인
# 브루스케타

잘 익은 아보카도는 껍질이 검정이고 말랑한 느낌이 난다.
아보카도는 껍질을 벗기면 금방 갈변하기 때문에 무스를 만들거나 바로 먹는 것이 좋다.

1 바게트는 1cm 두께로 썰어 250도 오븐에서 노릇하게 굽는다.

2 잘 익은 아보카도는 껍질을 제거한 후 레몬즙과 소금, 후추를 넣어 간다.

3 생새우는 껍질과 머리를 제거하고 엑스트라 버진과 소금, 후추를 넣어 버무린다.

4 바게트 위에 아보카도 무스를 올리고 생새우를 올려서 마무리한다.

 기본 재료

바게트 1/3개, 생새우 10마리, 아보카도 1개, 꿀 20g, 레몬 1/2개, 엑스트라 버진 1TS, 소금, 후추

# 다진 소고기로 속을 채운
# 올리브 튀김과 레몬 마요네즈

다진 소고기 속에 레몬 껍질이 들어 있어 상큼하게 먹을 수 있는 튀김이다.

1 제스터를 이용해서 레몬 1개 분량의 레몬 제스트를 만든다.

2 양파와 이태리 파슬리를 곱게 다진다.

3 볼에 다진 양파와 파슬리, 간 마늘, 소고기, 레몬 제스트, 소금, 후추를 넣고 섞는다.

4 속이 빈 올리브에 준비해둔 3을 넣어 속을 채운다.

5 속을 채운 올리브를 밀가루, 달걀, 빵가루 순으로 바른다.

6 식용유를 냄비에 담아 180도 온도(빵가루를 넣었을 때 바로 올라오는 정도)에서 노릇하게 튀긴다.

7 레몬 1/2개의 레몬즙과 나머지 레몬 1/2개의 제스트, 꿀을 차례대로 넣어 소스를 만들고 6의 튀김에 그라나 파다노 치즈를 뿌려 곁들인다.

 기본 재료

올리브(大) 10개, 다진 소고기 100g, 양파 30g, 간 마늘 1ts, 이태리 파슬리 5줄기, 레몬 2개, 꿀 1TS, 엑스트라 버진 1TS, 마요네즈 5TS, 식용유 500ml, 밀가루 50g, 달걀 2개, 빵가루 200g, 그라나 파다노 치즈, 소금, 후추

# 레몬으로 마리네이드한 오징어를 곁들인 루꼴라 샐러드

레몬 제스트와 타임으로 마리네이드 해서 상큼한 오징어를 느낄 수 있다.

1 오징어는 껍질을 제거한 후 칼집을 넣어 썬다.

2 제스터를 이용해서 레몬 제스트를 만든다.

3 볼에 오징어와 레몬 제스트, 올리브유, 타임, 후추를 넣어 30분간 숙성시킨다.

4 루꼴라는 찬물에 담가 신선함을 유지하고 레디쉬와 그라나 파다노 치즈는 얇게 썬다.

5 팬에 올리브유를 두르고 오징어를 재빠르게 굽는다.

6 루꼴라는 물기를 제거한 후 드레싱을 뿌리고, 구운 오징어, 레디쉬, 썬드라이 토마토, 케이퍼, 그라나 파다노 치즈를 올려 완성한다.

 기본 재료

루꼴라 100g, 오징어 1/2마리, 레디쉬 1개, 레몬 1개, 썬드라이 토마토 5개, 케이퍼 10알, 타임 5줄기, 그라나 파다노 치즈 20g, 발사믹 드레싱 3TS, 소금, 후추, 올리브유

# 토마토빱빠

가볍게 만들어 먹을 수 있는 토마토 스프다. 바게트 대신 식빵을 곁들여도 좋다.

1 바게트는 250도 오븐에서 4분간 색이 나게 바삭하게 굽는다.

2 팬에 오일을 두르고 으깬 마늘, 생강, 토마토를 넣고 볶아 향을 내고 토마토소스와 채소 스톡을 넣어 끓인다.

3 2가 끓기 시작하면 구워진 빵과 바질, 그라나 파다노 치즈를 넣어 약불에서 빵이 뭉그러질 때까지 끓인다.

4 생강은 제거하여 접시에 담아내고 리코타 치즈를 짤 주머니에 담아 군데군데 뿌린 후 처빌을 곁들인다.

 기본 재료

토마토소스 200ml, 방울토마토 5개, 바게트 1/4개, 채소 스톡 150ml, 마늘 2개, 생강 10g, 바질 5장, 리코타 치즈 50g, 처빌 5장, 그라나 파다노 치즈 1TS, 소금, 후추, 올리브유

# 루꼴라 페스토를 곁들인
# 보코치니 치즈 샐러드

보코치니는 '한 입 크기'라는 뜻으로, 보코치니 치즈는 '한 입 크기의 모짜렐라 치즈'를 말한다.
보코치니 치즈 대신 모짜렐라 치즈나 브리 치즈, 까망베르 치즈를 사용해도 좋다.

1 어린 채소는 찬물에 담가놓는다.

2 방울토마토는 뜨거운 물에 살짝 넣었다 뺀 후 껍질을 벗긴다.

3 이쑤시개에 토마토와 보코치니 치즈 순으로 꽂는다.

4 그라나 파다노 치즈를 얇게 썬다.

5 레디쉬를 얇게 썬다.

6 꽂아놓은 꼬치에 루꼴라 페스토를 올리고 그라나 파다노 치즈, 레디쉬를 올린다.

7 어린 채소의 물기를 제거한 후 접시에 담고 드레싱을 뿌린 후 꼬치를 올린다.

 기본 재료

어린 채소 100g, 보코치니 치즈 10개, 방울토마토 10개, 루꼴라 페스토 30g, 이쑤시개 3개, 발사믹 드레싱 3TS, 그라나 파다노 치즈 30g

# 달콤한 된장 소스와 리코타 치즈, 스카모르짜 치즈를 곁들인 가지구이

스카모르짜 치즈는 훈제한 모짜렐라 치즈를 말한다.
쉽게 구할 수 있는 모짜렐라 치즈나 스모크 치즈를 사용해도 좋다.

1 가지는 2cm 크기로 썰어 팬에서 노릇하게 굽는다.

2 스카모르짜 치즈는 얇게 썬다.

3 된장, 설탕, 간 마늘, 깨, 맛술, 꿀을 함께 넣고 간다.

4 구워진 가지에 3의 된장 소스를 바르고 스카모르짜 치즈를 올려서 250도 오븐에서 3분간 굽는다.

5 짤 주머니에 리코타 치즈를 넣고 오븐에서 빼낸 가지 위에 치즈를 올린다.

6 차이브를 곁들인 후 접시에 담는다.

 기본 재료

가지 1개, 스카모르짜 치즈 1/4개, 리코타 치즈 80g, 차이브 5줄기, 된장 2TS, 설탕 2TS, 간 마늘 1/2TS, 맛술 3TS, 깨 3TS, 꿀 1/2TS, 올리브유

배고프지 않나요?
잠시만 기다려요.
내가 맛있는 음식을 해줄게요.

# 후레쉬 모짜렐라 튀김과
# 토마토소스

모짜렐라 치즈는 터져서 새어 나오기 쉬우니까 꼭 온도를 맞춰서 튀긴다.

1 모짜렐라 치즈는 손가락 한마디 정도 크기로 썬다.

2 모짜렐라 치즈에 밀가루, 달걀, 빵가루를 2회 반복해 묻힌다.

3 식용유를 냄비에 붓고 180도 온도(빵가루를 넣었을 때 바로 올라오는 정도)에서 노릇하게 튀긴다.

4 따뜻한 토마토소스를 담는다.

5 접시에 토마토소스와 튀겨낸 모짜렐라를 담아내고 그 위에 그라나 파다노 치즈와 발사믹 리덕션을 뿌린다.

 기본 재료

모짜렐라 치즈 2개, 밀가루 1TS, 달걀 1개, 빵가루 100g, 토마토소스 3TS, 식용유 500ml, 발사믹 리덕션 1TS, 그라나 파다노 치즈

# 푸아그라 무스를 곁들인
# 페이스트리

페이스트리의 고소한 향과 부드러운 푸아그라가 어우러진 멋진 에피타이저다.

1  페이스트리는 손가락마디 크기로 자른 후 250도 오븐에서 7분간 굽는다.

2  푸아그라 무스, 리코타 치즈, 가염버터는 짤 주머니에 담아 준비한다.

3  구운 페이스트리에 블루베리, 리코타 치즈, 가염버터, 푸아그라 무스를 순서대로 짜준다.

4  타임 잎을 떼어내어 장식한다.

 기본 재료

페이스트리 100g, 블루베리 20개, 푸아그라 무스 30g, 리코타 치즈 30g, 가염버터 30g, 타임 5줄기

# 비스큐 크림과 삶아낸 보리, 관자, 조개로 속을 채운 꼰길리에

비스큐는 갑각류의 향이 물씬 풍기는 소스로,
바삭하게 구운 관자와 조개를 함께 곁들이면 멋진 에피타이저가 된다.

1 꼰낄리에 면을 8분간 삶는다.

2 바지락을 5분간 삶아 살을 빼낸 후 꼰낄리에 면에 2개씩 넣는다.

3 보리는 15분간 삶아낸 후 다진 적양파와 차이브, 엑스트라 버진, 소금, 후추와 함께 섞는다.

4 비스큐와 크림을 섞어 끓인다.

5 팬을 달군 후 관자를 한 쪽 면만 굽고 불을 줄인 후 버터를 넣어 풍미를 더한다.

6 접시에 비스큐 크림 소스를 담고 섞어 놓은 보리 3을 올린다. 그 위에 5의 관자, 아부르가, 처빌을 곁들인다.

7 조개를 채운 꼰낄리에를 곁들여 마무리한다.

 기본 재료

비스큐 3TS, 생크림 50ml, 보리 30g, 관자 1개, 적양파 10g, 차이브 2줄기, 아부르가 1/3TS, 처빌 1장, 바지락 6개, 버터 1TS, 꼰낄리에 면 3개, 엑스트라 버진, 소금 후추, 올리브유

# 데리야끼 소스와
# 아보카도 새우 샐러드

구운 아보카도는 고소함이 배가 된다.
데리야끼 소스의 감칠맛이 아보카도에 더해져 정말 맛있는 샐러드가 된다.

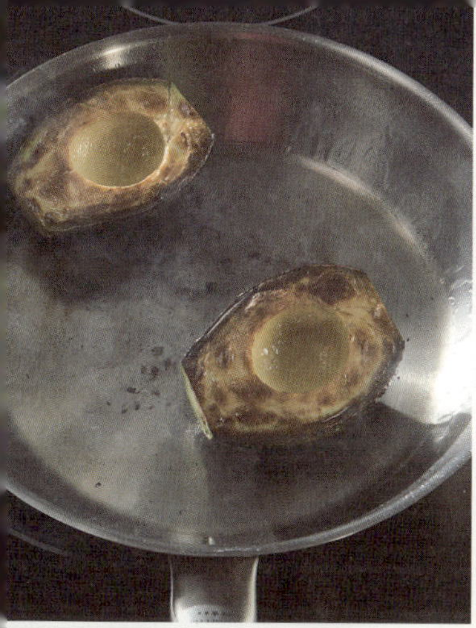

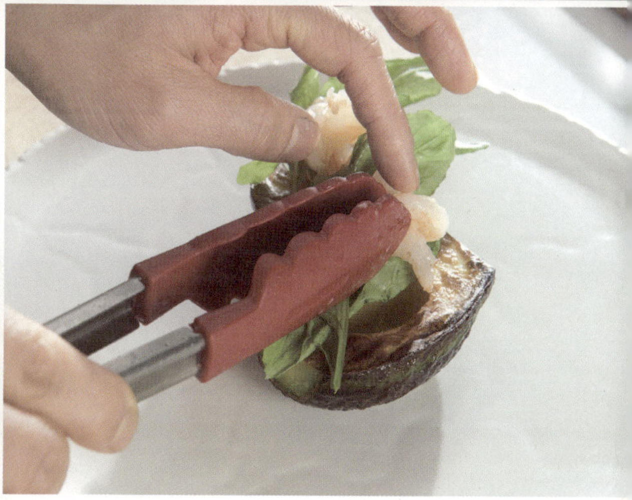

1 아보카도는 반으로 자르고 씨를 제거한 후 팬에 올리브유를 두르고 잘린 면을 색이 나게 굽는다.

2 250도 오븐에 구워놓은 아보카도를 넣고 3분간 더 익힌다.

3 새우는 반으로 자른 후 팬에 굽는다.

4 2의 아보카도 위에 구워놓은 3의 새우를 올리고 루꼴라를 곁들여 접시에 담는다.

5 데리야끼 소스를 아보카도 위에 뿌려서 완성한다.

 기본 재료

아보카도 1개, 새우 3마리, 데리야끼 소스 1TS, 루꼴라 20g

# 비트, 리코타 치즈와
# 고르곤졸라 치즈 소스의 말아구운 샐러드

비트는 빨간색 무다. 비트의 빨간 색에는 베타인이라는 색소가 포함되어 있어 천연 색소 역할을 한다.

1 비트는 껍질을 벗기고 뜨거운 물에 15분간 완전히 삶는다.

2 애호박과 가지는 슬라이서를 이용해서 얇게 썰어준 후 굽는다.

3 아스파라거스는 필러를 이용해서 얇게 썬다.

4 구운 비트와 리코타 치즈를 간다.

5 구운 채소와 아스파라거스를 두 번씩 순서대로 겹친 후 돌돌 말아 끈으로 묶거나 이쑤시개를 꽂아 팬으로 굽는다.

6 생크림과 고르곤졸라 치즈를 끓여 걸쭉한 상태의 소스를 만든다.

7 접시에 비트, 리코타 치즈를 담고 5의 채소를 올린 후 고르곤졸라 치즈, 6의 소스와 다진 호두를 곁들인다.

 기본 재료

애호박 1개, 가지 1개, 아스파라거스 3줄기, 생크림 200ml, 고르곤졸라 치즈 1TS, 다진 호두 1/2TS, 리코타 치즈 1/2 통, 비트 50g, 엑스트라 버진

# 구운 채소와
# 볼로네제 수란을 곁들인 샐러드

다양한 채소를 굽고 볼로네제 소스를 뿌린 후 삶아낸 수란을 올린 샐러드다.

1 애호박과 가지는 아스파라거스 모양으로 썬다.

2 팬에 오일을 두르고 애호박, 가지, 아스파라거스를 굽는다.

3 냄비에 물을 담고 소금, 식초를 넣고 끓이다가 불을 줄인 후 달걀을 조심히 깨 넣어 3분간 익혀 찬물에 담갔다가 건져내어 수란을 만든다.

4 볼로네제 소스를 따뜻하게 데운다.

5 콩을 뜨거운 물에 따뜻하게 데친다.

6 접시에 채소를 담고 볼로네제 소스, 초록콩, 세발나물, 수란을 올려 완성한다.

 기본 재료

애호박 1/2개, 가지 1/2개, 아스파라거스 2줄기, 달걀 1개, 볼로네제 3TS, 초록콩 8개, 세발나물 3줄기, 식초 50ml, 소금, 후추, 올리브유

# 구운 브리 치즈 샐러드

피트 몬드리안이란 작가의 그림을 보고 만든 샐러드다. 치즈는 녹아내릴 수 있어서 재빠르게 굽는다.
브리 치즈 대신 까망베르 치즈를 사용해도 좋다.

1 파프리카는 토치로 구워 껍질과 씨를 벗긴 후 물기를 제거하고 얇게 썬다.

2 아스파라거스는 3cm로 썰고 양배추는 반으로 갈라 팬에 노릇하게 굽는다.

3 애호박은 슬라이서로 얇게 밀어 뜨거운 물에 살짝 데친 후 돌돌 만다.

4 비트는 1cm 주사위 모양으로 썰어서 5분간 삶는다.

5 팬을 달구고 오일을 둘러 브리 치즈의 겉면을 노릇하게 굽는다.

6 접시에 구운 브리 치즈를 올리고 준비해놓은 채소들과 소렐, 프리세를 곁들여 완성한다.

 기본 재료

브리 치즈 1/2개, 어린 양배추 1개, 애호박 1/3개, 비트 30g, 아부르가 1/3TS, 파프리카 적색 1/2개, 파프리카 노란색
1/2개, 아스파라거스 1줄기, 프리세 2줄기, 소렐 3장

his story

어느덧 이탈리아에서 일하는 마지막 날이 되었다.
일을 하고 돌아오면 이곳에서의 마지막 밤을 보내야 했기에 아침부터 분주했다.

길게만 느껴지던 유학생활을 정리한다고 하니 사실은 지난밤부터 잠이 오지 않았다.
익숙했던 모든 것들이 눈앞에서 사라지고 눈을 감고 떠올려야 한다는 생각에 눈언저리가 뜨
거워졌다.

분주했던 그날 아침, 내가 쓰던 것들을 하나하나 만져보기 시작했다. 눈길로 한 번 어루만지
고 손길이 한 번 닿을 때마다 모든 것들이 특별해졌다.

아침을 깨워주던 희미한 숫자의 자명종 시계, 삐걱거리던 침대, 냉장이 잘 되지 않았던 냉장
고, 집에 들어오면 습관적으로 켰던 TV와 온수와 찬물이 극단적으로 나왔던 세면대까지...

아련한 손끝 기억을 뒤로 한 채 로시난테에 올라 식당으로 향했을 때도 가다 서다를 반복하
며 익숙한 것들을 눈에 담았다.

도착한 식당에서 일을 하는 동안 어떻게 인사를 하고 나올까를 고민했다.
그렇게 시간이 흘러 셰프가 마지막 오더를 부르고 나의 마지막 요리가 시작되었다.
겉면이 바삭하게 구워진 크렘블레를 완성해 홀에 내고 종을 쳤을 때, 모두가 내 곁으로 다가
왔다.

"레오, 그동안 수고 많았어."
"한국 가서 멋진 요리사가 되길 바라."
"그동안 고마웠어. 진짜 너 멋있었어."

평소 좀처럼 내게 인사를 밝게 하지 않던 무뚝뚝한 직원들까지 두에바치(양쪽 볼에 뽀뽀하는 이탈리아식 인사로 정말 친한 경우에만 한다.)를 해주며 마지막을 전해왔다.

"어리숙하기만 했던 이방인인 내게 잊지 못할 기억을 만들어 줘서 너무 감사했어요. 정말 많이 배웠습니다!"라고 외치면서 난 한국 스타일로 허리와 고개를 숙이며 존경을 담은 인사를 전하고 모두와 포옹을 했다.

마지막으로 "감사합니다!"라고 외치며 로시난테에 올랐다. 페달을 밟을 때마다 이 녀석과 함께했던 모든 것들이 떠올랐다. 이탈리아 구석구석을 누비고 달리며 쉬었던 기억들이 스쳤다.

'낯선 땅, 이곳에서 너 때문에 고마웠어. 위안이 되었어. 수고 많았다, 나의 로시난테!'

그 때 '뚝'하는 소리와 함께 매일 달려오던 그 길에서 체인이 끊어져 버렸다.

'너도 나와 같은 마음 인거니? 헤어지기 싫었던 거야?' 참아왔던 눈물이 왈칵 쏟아졌다.

달빛에 반사된 로시난테를 어루만지며 길가에 주저앉아 눈물을 쏟았다.

'고마웠어. 멋있는 나의 친구 로시난테...'

PART
03

스프

# 볼로티콩과
# 조개를 넣어 만든 스프

이탈리아 남부 가정에서 쉽게 만들어 먹는 스프다.
볼로티콩이 구하기 어렵다면 병아리콩이나 강낭콩으로 대체할 수 있다. 조개를 싫어한다면 조갯살을 빼고 끓여도 맛있다.

1 양파, 당근, 셀러리를 1cm로 썬다.

2 베이컨도 1.5cm로 썬다.

3 팬에 올리브유를 두르고 양파, 당근, 셀러리, 베이컨을 넣고 볶는다.

4 3의 냄비에 콩을 넣고 물을 잠길 정도로 붓고 끓인다. 이때 볼로티콩 대신 병아리콩이나 강낭콩을 사용해도 된다.

5 허브와 홍합, 바지락, 토마토소스를 넣고 끓인다.

6 엑스트라 버진, 그라나 파다노 치즈를 갈아 넣어 마무리한다.

 기본 재료

홍합살 100g, 바지락살 100g, 볼로티콩 600g, 베이컨 100g, 타임 5줄기, 이태리 파슬리 5줄기, 로즈마리 5줄기, 간 마늘 1TS, 양파 100g, 당근 100g, 셀러리 100g, 그라나 파다노 치즈 100g, 엑스트라 버진 50ml, 토마토소스 200ml, 올리브유, 소금, 후추

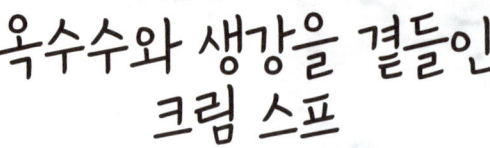

# 옥수수와 생강을 곁들인
# 크림 스프

생강의 향을 좋아한다면 오랫동안 생강을 넣어둔다. 생강의 은은한 향이 더 짙게 퍼진다.

1 양파는 얇게 썰고 마늘도 얇게 썬다.

2 냄비에 올리브유를 두르고 양파와 마늘을 볶는다.

3 2의 냄비에 옥수수를 넣어 볶고 생크림과 우유를 넣어 약불에서 20분간 끓인다.

4 믹서로 옥수수를 곱게 갈아준 후 체로 옥수수 찌꺼기를 걸러낸다.

5 걸러낸 옥수수 스프에 으깬 생강과 타임을 넣어 약불로 15분간 더 끓인다.

6 소금과 후추를 기호에 따라 넣고 생강과 허브를 건져 마무리한다.

 기본 재료

옥수수 500g, 양파 1/2개, 마늘 2개, 생강 1개, 우유 400ml, 생크림 600ml, 타임 5줄기, 소금, 후추, 올리브유

# 로즈마리향의 병아리콩 스프와
# 매콤하게 구워낸 새우

로즈마리의 향이 첨가된 병아리콩 스프와 새우를 매콤하게 구워 스프와 함께 낸다.

1 양파는 얇게 썰고 마늘도 얇게 썬다.

2 냄비에 올리브유를 두르고 양파와 마늘을 볶는다.

3 같은 냄비에 병아리콩을 넣어 볶아준 후 생크림과 우유를 넣어 약불에서 20분간 끓인다. 콩은 캔이 아닐 경우 하루 정도 물에 불린 후 사용한다.

4 믹서로 병아리콩을 곱게 갈아준 후 체로 찌꺼기를 걸러낸다.

5 걸러낸 스프에 으깬 로즈마리를 넣어 약불에 15분간 더 끓인다.

6 팬에 올리브유를 두르고 새우를 페페론치노와 함께 굽는다.

7 기호에 따라 소금과 후추를 넣고 허브는 건져낸 후 접시에 담아 구워낸 새우와 레몬 오일을 곁들인다.

 **기본 재료**

병아리콩 500g, 양파 1/2개, 마늘 2개, 우유 500ml, 생크림 400ml, 로즈마리 5줄기, 새우 3마리, 페페론치노 1개, 소금, 후추, 레몬 오일, 올리브유

# 파프리카 파우더를 발라구운 바게트와 홍합 스튜

파프리카 파우더가 들어가 이국적인 느낌을 준다. 홍합 대신 바지락과 모시조개를 넣어도 좋다.

1 버터는 상온에 두어 말랑한 상태가 되면 간 마늘과 파프리카 파우더, 설탕을 섞는다.

2 바게트는 먹기 좋게 썰어 양념한 버터를 바르고 230도 오븐에서 3분간 노릇하게 굽는다.

3 팬에 올리브유를 두르고 마늘을 약불로 구워 마늘 향을 낸 후 고추와 홍합을 넣어 볶는다. 기름
이 튈 수 있으니 파이 팬이나 뚜껑을 살짝 덮는다.

4 뚜껑을 덮은 상태에서 화이트 와인을 넣는다.

5 물은 조개들이 살짝 잠길 정도로 붓고 끓인다.

6 뚜껑을 제거하고 토마토소스와 바질, 이태리 파슬리를 넣고 다시 끓인다.

7 엑스트라 버진, 후추를 기호에 따라 넣어 마무리한다.

 기본 재료

홍합 20개, 토마토소스 150ml, 바질 2장, 이태리 파슬리 5줄기, 마늘 5개, 화이트 와인 100ml, 바게트 1/4개, 버터
2TS, 간 마늘 1TS, 페페론치노 1개, 파프리카 파우더 1ts, 바게트 1/4개, 설탕 1/3ts, 엑스트라 버진, 후추, 올리브유

# 애플 시나몬 스프

사과는 갈변했거나 멍든 사과를 사용해도 좋다. 뜨겁게 데우지 않고 차갑게 즐길 수 있다.

1 양파는 얇게 썰고 사과도 껍질을 벗겨 얇게 썬다. 이때 사과는 멍들거나 검게 변한 것을 사용해도 좋다.

2 냄비에 올리브유를 두르고 양파와 사과를 볶는다.

3 2의 냄비에 생크림과 우유를 넣어 약불에서 20분간 끓인다.

4 믹서로 사과를 곱게 갈아준 후 타임을 넣어 약불로 10분간 더 끓인다.

5 소금과 후추를 기호에 따라 넣고 허브를 건져낸 후 접시에 담고 차이브를 얇게 썰어 곁들인다.

 기본 재료

사과 2개, 양파 1/2개, 우유 500ml, 생크림 400ml, 타임 5줄기, 시나몬 스틱 1개, 차이브 1줄기, 소금, 후추, 올리브유

# 송로 버터를 곁들인
# 양송이버섯 스프

송로 버터는 만들어 놓으면 쓸모가 많다. 구워낸 빵에 바르거나 스테이크에 곁들이면 좋다.

1 상온에 두어 말랑한 상태의 버터와 송로 오일 20ml, 다진 송로버섯을 섞어 송로 버터를 만든 후 기름종이에 넣어 모양을 잡고 냉장고에 넣는다. 이때 송로버섯 대신 표고버섯을 사용해도 좋다.

2 양송이버섯은 깨끗하게 씻는다.

3 양파, 양송이버섯, 마늘은 얇게 썬다.

4 냄비에 올리브유를 두르고 양파와 마늘, 양송이를 볶는다.

5 4의 냄비에 생크림과 우유, 설탕, 소금, 후추를 넣어 약불에서 20분간 끓인다.

6 믹서로 곱게 갈아준다.

7 송로 버터를 얇게 썰어 볼에 담고 양송이버섯 스프를 따뜻하게 데워 버터 위에 붓는다.

 기본 재료

양송이버섯 500g, 양파 1/2개, 마늘 2개, 우유 500ml, 생크림 400ml, 버터 100g, 송로버섯 10g, 송로 오일 50ml, 설탕 1/3TS, 소금 1/2TS, 후추, 올리브유

# 광어 구이를 곁들인
# 아쿠아빠짜

---

'아쿠아빠짜'는 이탈리아어로 '미친 물'이라는 뜻이다. 그만큼 맛있다는 의미다.
만약 생선 굽기가 귀찮다면 바지락만으로도 훌륭한 요리가 된다.

1 아스파라거스는 어슷 썰고 방울토마토는 반으로 썰고 적양파는 얇게 썰어 준비한다.

2 팬에 올리브유를 두르고 마늘은 약불에 마늘 향을 내며 굽고 바지락을 넣고 볶는다. 이때 기름이 튈 수 있으니 파이 팬이나 뚜껑을 살짝 덮는다.

3 뚜껑을 덮은 상태에서 화이트 와인을 넣는다.

4 조개들이 살짝 잠길 정도로 물을 붓고 끓인다.

5 뚜껑을 열고 케이퍼, 토마토, 아스파라거스, 이태리 파슬리를 넣어 다시 끓인다.

6 다른 팬에 올리브유를 두르고 광어를 앞뒤로 구운 후 버터와 타임을 넣어 향을 더한다.

7 만들어진 조개 스튜에 엑스트라 버진을 넣어 마무리하여 접시에 담고 구운 광어와 썰어 둔 적양파와 처빌을 곁들인다.

8 엑스트라 버진, 후추를 기호에 따라 넣어 마무리한다.

9 레몬을 곁들인다.

 **기본 재료**

광어 1/4마리, 바지락 20개, 아스파라거스 2줄기, 방울토마토 5개, 마늘 5개, 화이트 와인 100ml, 타임 5줄기, 버터 1TS, 엑스트라 버진 2TS, 이태리 파슬리 5줄기, 케이퍼 10알, 적양파 20g, 레몬 1/4개, 처빌 5장, 소금, 후추, 올리브유

# 멜론 가스파초와 셀러리 스틱

가스파초는 차갑게 먹는 스페인 스타일의 스프다. 꼭 차갑게 냉장고에 넣어 뒀다가 먹기를 추천한다.

1 포도알, 레디쉬, 올리브는 얇게 썬다.

2 셀러리는 섬유질을 제거한 후 손가락 한 마디 크기로 썬다.

3 썬 셀러리 안에 크림 치즈를 넣고 올리브, 레디쉬, 포도, 블루베리 순으로 올린다.

4 멜론은 껍질을 벗긴 후 씨를 제거하고 오이도 씨를 제거한다.

5 준비된 멜론, 오이, 양파, 발사믹 리덕션, 엑스트라 버진을 넣고 간다.

6 소금과 후추를 기호에 따라 넣고 냉장시킨 후 셀러리 스틱과 함께 곁들인다.

 **기본 재료**

멜론 1/2개, 오이 1/2개, 양파 10g, 발사믹 리덕션 1TS, 엑스트라 버진 2TS, 셀러리 1줄기, 크림 치즈 1TS, 레디쉬 1/2개, 블루베리 5개, 올리브 2개, 포도알 2개, 소금, 후추

이른 아침 걸려온 전화 벨소리가
여느 날과 같이 익숙하게 울렸다.

# his story

이른 아침 걸려온 전화 벨소리가 여느 날과 같이 익숙하게 울렸다.

"여보세요 까델루뽀죠? 예약 가능한가요?" 살짝 듣기만 해도 어린 목소리였다. 주로 나이가 있는 사람들의 예약전화가 많은 편이라, 전화기 너머 앳된 목소리가 낯설게 느껴졌다.

그는 예약을 한 후에 이것저것 묻기 시작했다.

"메뉴판을 인터넷으로 봤는데 캐비어와 푸아그라는 어떻게 먹나요? 식감과 맛은 어떤가요? 포크와 나이프는 어떻게 사용하나요? 어떤 순서로...."

한동안 그의 질문은 끊이질 않았다. 바쁜 시간에 온 전화였기에 어느 정도 응대하고 끊으려 했지만 질문을 하는 그의 목소리가 너무도 진지하고 간절했기에 차마 끊을 수 없었다. 묻는 질문에 모두 답을 하고서야 끊을 수 있었다.

시간이 흘러 저녁 시간이 가까워졌을 무렵 식당 입구 쪽에 어린 학생들이 눈에 들어왔다.

중학생 정도 되었을까? 멀리서 봐도 소년과 함께 온 소녀는 익숙한 장소가 아니라 불편했는지 문 앞에서 멋쩍어하며 들어오기를 머뭇거리고 있었다. 그때 어린 소년이 소녀의 손을 부여잡고 식당 안으로 이끌었다.

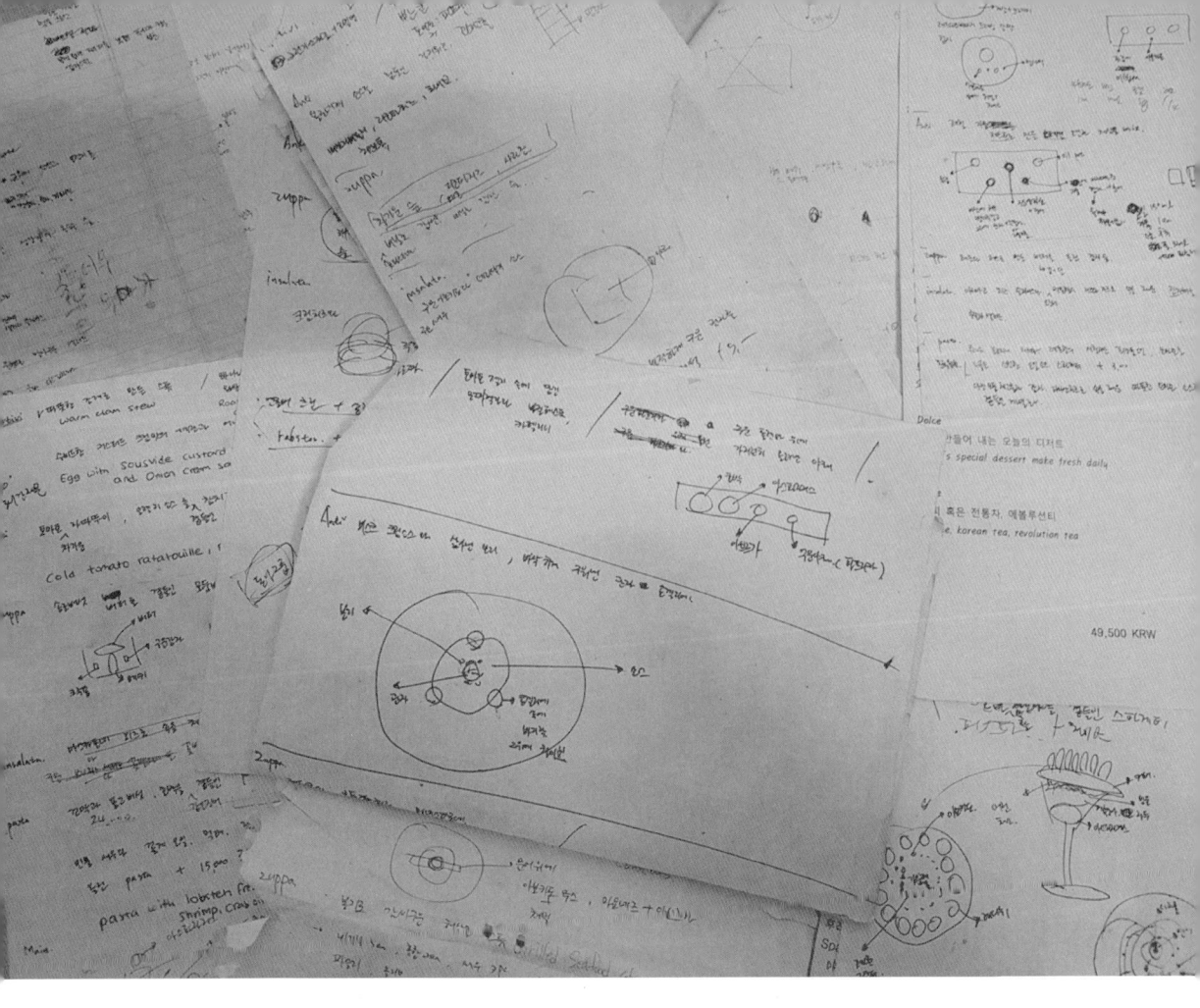

세상 가장 행복한 미소를 지으며
소년과 소녀는 식당을 나섰다.

그들의 뒷모습이 너무 아름답기도 하고,
한편으로는 부럽기도 한 어느 날이었다.

'넌 나만 믿고 있어. 내가 다 준비해뒀어.' 라는 느낌이랄까?

자리에 앉자 소년은 아까 전화로 일일이 물어 봤던 메뉴를 막힘없이 그리고 익숙하게 주문했다. 소녀는 소년을 믿음직스러운 눈빛으로 바라보며 미소 지었다.

식사하는 내내 음식을 하나하나 설명해 주고 나이프로 작게 썰어 소녀의 입에 넣어주며 소년 역시 행복한 미소를 폈다. 나이가 어리더라도 서로를 바라보며 행복하고 있음에 요리하는 내내 신바람이 났다.

준비된 저녁식사를 모두 마치고 일어서기 전 냅킨으로 소녀는 입을 조심스레 닦고 소년의 손을 마주잡고 카운터에 섰다. 소년은 주머니 속에서 곱게 접은 지폐를 의기양양하게 올려 놓았다.

세상 가장 행복한 미소를 지으며 소년과 소녀는 식당을 나섰다.

그들의 뒷모습이 너무 아름답기도 하고, 한편으로는 부럽기도 한 어느 날이었다.

PART
04

파스타

# 알리오 올리오 스파게티

알리오는 '마늘', 올리오는 '오일'이라는 뜻으로, 마늘을 타지 않게 잘 볶아주는 게 포인트다.
알리오 올리오는 파스타의 기본으로, 가장 좋아하는 파스타다.

1 냄비에 꽃소금을 한 줌 넣고 물을 끓인 후 스파게티 면을 5분간 삶는다.

2 팬에 올리브유를 두르고 손으로 으깬 마늘을 넣어 천천히 구워 향을 낸다.

3 페페론치노를 넣어 살짝 더 볶는다.

4 삶아낸 면과 스톡을 넣어 비빈다. 스톡의 양이 반으로 줄어들 때까지 계속 비빈다.

5 엑스트라 버진과 이태리 파슬리를 넣고 기호에 맞게 소금 간을 하여 마무리한다.

 기본 재료

스파게티 면 100g, 마늘 7개, 페페론치노 1개, 이태리 파슬리 5줄기, 채소 스톡 200ml, 엑스트라 버진 1TS, 꽃소금, 소금, 올리브유

# 봉골레 스파게티

바지락 대신 모시조개, 홍합으로도 색다른 봉골레를 만들 수 있다.
레몬 제스트를 넣으면 색다른 봉골레를 느낄 수 있다.

1 냄비에 꽃소금을 한 줌 넣고 물을 끓인 후 스파게티 면을 5분간 삶는다.

2 팬에 올리브유를 두르고 마늘을 손으로 으깬 후 마늘을 천천히 구워 향을 낸다.

3 페페론치노를 넣어 살짝 더 볶는다.

4 조개를 깨끗이 씻은 후 팬에 넣는다. 기름이 튈 수 있으니 파이 팬이나 뚜껑으로 덮고, 화이트 와
인을 넣는다.

5 조개가 잠길 정도로 물을 붓고 끓인다. 이때 조개가 입을 벌리면 조개를 건진다.

6 삶아낸 면과 방울토마토를 넣고 물의 양이 반으로 줄어들 때까지 계속 비빈다.

7 엑스트라 버진과 이태리 파슬리를 넣고 기호에 맞게 소금 간을 하여 마무리한다.

 기본 재료

스파게티 면 100g, 바지락 20개, 마늘 5개, 페페론치노 1개, 이태리 파슬리 5줄기, 방울토마토 5개, 엑스트라 버진
1TS, 화이트 와인 50ml, 꽃소금, 소금, 올리브유

# 루꼴라 페스토를 곁들인 봉골레 스파게티

봉골레 스파게티를 루꼴라 페스토를 곁들인 파스타다.

1 냄비에 꽃소금을 한 줌 넣고 물을 끓인 후 스파게티 면을 5분간 삶는다.

2 팬에 올리브유를 두르고 마늘을 손으로 으깬 후 마늘을 천천히 구워 향을 낸다.

3 조개를 깨끗이 씻은 후 2의 팬에 넣는다. 기름이 튈 수 있으니 파이 팬이나 뚜껑을 덮고 화이트 와인을 붓는다.

4 조개가 잠길 정도로 물을 부어 끓이고 조개가 입을 벌리면 건진다.

5 삶아낸 면과 방울토마토를 넣고 물의 양이 반으로 줄어들 때까지 계속 비빈다.

6 루꼴라 페스토를 넣고 비빈 후 기호에 맞게 소금 간을 하고 그라나 파다노 치즈를 뿌려 마무리한다.

 기본 재료

스파게티 면 100g, 바지락 20개, 마늘 5개, 방울토마토 5개, 루꼴라 페스토 1TS, 화이트 와인 50ml, 꽃소금, 소금, 그라나 파다노 치즈, 올리브유

# 구운 라디치오와
# 관자, 보따르가를 곁들인 스파게티

라디치오를 구우면 쓴맛 대신 단맛과 고소한 맛이 배가 된다. 라디치오 대신 양상추를 넣어도 좋다.
보따르가는 말린 숭어알로, 파스타의 감칠맛을 더한다.

1 냄비에 꽃소금을 한 줌 넣고 물을 끓인 후 스파게티 면을 5분간 삶는다.

2 파프리카는 화구에 놓고 껍질을 완전히 태운 후 차가운 물에 넣어 탄 부분을 모두 벗겨내고 믹서로 갈아준다.

3 라디치오를 팬에 바삭하게 굽고 소금을 뿌린다.

4 팬에 올리브유를 두르고 마늘을 손으로 으깬 후 천천히 구워 향을 낸다.

5 4의 팬에 반으로 자른 관자를 볶아준 후 화이트 와인을 넣는다.

6 조개 스톡과 삶아낸 면, 방울토마토, 파슬리를 넣고 스톡의 양이 반으로 줄어들 때까지 계속 비빈다.

7 엑스트라 버진을 넣고 비빈 후 구운 라디치오와 보따르가 파우더를 뿌려 마무리한다.

 기본 재료

스파게티 면 100g, 마늘 5개, 방울토마토 5개, 관자 5개, 화이트 와인 50ml, 보따르가 파우더 1ts, 파프리카 1/2개, 라디치오 1/4개, 이태리 파슬리 5줄기, 엑스트라 버진 1TS, 조개 스톡 200ml, 꽃소금, 소금, 올리브유

# 차가운 토마토 퓨레와
# 곱게 갈아 낸 부라타 치즈를 곁들인 카펠리니

카펠리니는 머리카락이라는 뜻으로, 일반적으로 알고 있는 스파게티보다 얇은 면이라 스파게티와는 또 다른 식감이다.
부라타 치즈는 모짜렐라 치즈보다 훨씬 더 부드러운 연성 치즈다.

1 냄비에 꽃소금을 한 줌 넣고 물을 끓인 후 카펠리니를 4분간 삶는다.

2 토마토는 뜨거운 물에 15초를 담군 후 찬물에 식혀 껍질을 벗겨내고 씨를 제거하고 엑스트라 버진 2TS와 바질을 넣어 간다.

3 부라타 치즈를 반으로 자른 후 반만 갈아낸다.

4 삶아낸 면에 갈아낸 부라타 치즈, 남은 엑스트라 버진과 소금, 후추로 간을 해준다.

5 접시에 갈아둔 토마토를 깔고 카펠리니, 부라타 치즈를 올리고 그라나 파다노 치즈를 뿌린다.

6 바질 오일을 뿌린다.

기본 재료

토마토 1개, 카펠리니 80g, 부라타 치즈 1개, 바질 2장, 엑스트라 버진 4TS, 바질 오일 1TS, 그라나 파다노 치즈, 꽃소금, 소금, 후추, 올리브유

# 송로 오일을 곁들인
# 카치오페페 스파게티

재료 본연의 맛이 고스란히 전해지는 파스타다.

1 냄비에 꽃소금을 한 줌 넣고 물을 끓인 후 스파게티 면을 5분간 삶는다.

2 양파를 곱게 다지고 마늘도 다진다.

3 팬에 올리브유와 송로 오일 1TS을 두르고 양파와 마늘을 볶는다.

4 치킨 스톡과 삶아낸 면, 그라나 파다노 치즈 1TS, 소금을 넣고 스톡의 양이 반으로 줄어들 때까지 계속 비빈다.

5 송로 오일을 넣고 비빈 후 이태리 파슬리와 그라나 파다노 치즈, 후추를 뿌려 마무리한다.

 기본 재료

스파게티 면 100g, 양파 30g, 마늘 1개, 송로 오일 2TS, 치킨 스톡 200ml(채소 스톡으로 변경 가능), 이태리 파슬리 5
줄기, 꽃소금, 소금, 후추, 그라나 파다노 치즈, 올리브유

# 밀라노풍 까르보나라

실제 이탈리아에는 크림이 들어간 파스타 요리가 거의 없다. 우리가 흔히 먹는 까르보나라를 정작 이탈리아에서는 볼 수가 없는데 실제 까르보나라는 달걀을 넣어 만든 요리로, 우리나라에서 크림으로 변한 것이다.

1 냄비에 꽃소금을 한 줌 넣고 물을 끓인 후 스파게티 면을 5분간 삶는다.

2 양파를 곱게 다지고 마늘도 다진다.

3 베이컨을 1cm 크기로 썬다.

4 팬에 올리브유를 둘러 베이컨을 바삭하게 볶은 후 키친타올에 빼둔다.

5 베이컨 기름으로 양파와 마늘을 볶는다.

6 달걀은 흰자와 노른자를 분리하고 노른자는 풀어서 준비한다.

7 양파와 마늘을 볶은 팬에 치킨 스톡과 면을 넣고 스톡의 양이 반으로 줄어들 때까지 계속 비빈다.

8 불을 끄고 달걀을 넣어 면과 잘 비빈 후 그라나 파다노 치즈, 파슬리, 후추, 볶아 둔 베이컨을 올려 마무리한다.

 기본 재료

스파게티 면 100g, 양파 30g, 마늘 1개, 베이컨 70g, 치킨 스톡 200ml(채소 스톡으로 변경 가능), 이태리 파슬리 5줄기, 달걀 2개, 꽃소금, 소금, 후추, 그라나 파다노 치즈, 올리브유

# 치즈향의 허브 빵가루, 오징어를 곁들인 토마토소스 스파게티

예전 이탈리아에서는 그라나 파다노 치즈가 귀해서 빵가루와 섞어서 치즈처럼 사용했다.
빵가루가 들어가 훨씬 더 고소하고 바삭한 느낌을 준다.

1 냄비에 꽃소금을 한 줌 넣고 물을 끓인 후 스파게티 면을 5분간 삶는다.

2 양파는 곱게 다지고 오징어는 칼집을 넣어서 썬다.

3 오븐 팬에 빵가루를 넣고 그라나 파다노 치즈를 빵가루의 1/3 정도 분량만 갈아 섞는다.

4 3의 빵가루에 줄기를 제거한 타임과 엑스트라 버진을 넣고 250도 오븐에서 4분간 노릇하게 굽
는다. 1분마다 오븐에서 빼서 잘 섞는다.

5 팬에 올리브유를 둘러 으깬 마늘을 약불로 완전히 익혀서 향을 내준 후 오징어, 양파, 고추를 넣
어 재빠르게 볶는다.

6 화이트 와인을 부어 잡내를 제거한다.

7 조개 스톡과 토마토소스, 바질, 이태리 파슬리, 삶아낸 면을 넣고 스톡의 양이 반으로 줄어들 때
까지 계속 비빈다.

8 엑스트라 버진을 넣고 비빈 후 마무리하고 구워놓은 허브 치즈 빵가루를 곁들인다.

 기본 재료

스파게티 면 100g, 양파 30g, 마늘 5개, 바질 1장, 오징어 1/3마리, 빵가루 100g, 타임 5줄기, 조개 스톡 250ml, 토마
토소스 150ml, 이태리 파슬리 5줄기, 페페론치노 1개, 화이트 와인 50ml, 엑스트라 버진 1TS, 꽃소금, 소금, 후추, 그
라나 파다노 치즈, 올리브유

어떻게 이 음식 만든 거예요?
많이들 내게 물었다.
그때마다 속으로 혼자 되뇌었다.
'기억과 추억의 조각들이에요. 모든 것들은'
내게 하나의 접시는
누군가에 대한 그리움과
사랑이다.

# 튀긴 가지와 리코타 치즈를 곁들인 펜네

가지를 튀기면 색다른 식감이 된다. 가지를 싫어하는 사람도 맛있게 즐길 수 있다.

1 냄비에 꽃소금을 한 줌 넣고 물을 끓인 후 펜네를 8분간 삶는다.

2 양파와 마늘을 곱게 다진다.

3 가지는 2cm 크기로 썰고 베이컨은 1cm 크기로 썬다.

4 가지에 강력분을 묻히고 180도 기름에서 바삭하게 튀긴다.

5 팬에 올리브유를 둘러 양파와 마늘, 베이컨을 볶은 후 화이트 와인을 넣는다.

6 채소 스톡과 토마토소스, 바질, 이태리 파슬리, 삶아낸 면을 넣고 스톡의 양이 반으로 줄어들 때까지 계속 비빈다.

7 엑스트라 버진, 튀겨 놓은 가지를 넣어 살짝 비빈 후 접시에 담고 리코타 치즈를 곁들인다.

 기본 재료

펜네 80g, 양파 30g, 마늘 1개, 바질 1장, 베이컨 40g, 가지 1/2개, 강력분 2TS, 토마토소스 150ml, 채소 스톡 200ml, 이태리 파슬리 5줄기, 화이트 와인 50ml, 엑스트라 버진 1TS, 리코타 치즈 1TS, 식용유 500ml, 꽃소금, 소금, 후추, 그라나 파다노 치즈, 올리브유

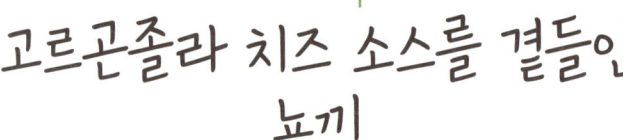

# 고르곤졸라 치즈 소스를 곁들인
# 뇨끼

뇨끼는 만들 때는 번거롭지만 한 번 만들어 냉동 보관해두면 두고두고 먹을 수 있다.
뇨끼는 구우면 색다른 식감과 맛을 즐길 수 있다.

1 감자는 깍뚝 썰어 10분간 삶는다.

2 삶아낸 감자를 체에 내리고 달걀과 강력분을 넣어 반죽한 후 한 입 크기로 썬다.

3 만든 뇨끼는 뜨거운 물에서 3분간 삶는다.

4 팬에 생크림과 고르곤졸라 치즈를 넣고 끓여 소스를 만들고 삶아낸 뇨끼를 넣어 버무린다.

5 접시에 담고 호두분태, 루꼴라, 후추, 엑스트라 버진을 뿌려서 마무리한다.

 기본 재료

껍질 벗긴 감자 250g, 강력분 130g, 달걀 노른자 1개, 생크림 200ml, 고르곤졸라 치즈 1TS, 호두분태 1TS, 와일드 루꼴라 10장, 엑스트라 버진 1/2TS, 후추

# 후레쉬 트러플을 곁들인
# 진한 버섯향의 스파게티

트러플(송로버섯)은 철갑상어알과 푸아그라와 함께 3대 진미 중 하나다.
조금만 넣어도 향이 풍부해지고 고급스러운 느낌을 준다.

1 냄비에 꽃소금을 한 줌 넣고 물을 끓인 후 스파게티 면을 5분간 삶는다.

2 양파를 곱게 다지고 마늘도 다진다.

3 표고버섯과 양송이버섯은 얇게 썬다.

4 팬에 올리브유와 송로 오일 1TS을 두르고 양파와 마늘, 버섯을 볶는다.

5 치킨 스톡, 삶아낸 면, 그라나 파다노 치즈 1TS, 소금을 넣고 스톡의 양이 반으로 줄어들 때까지 계속 비빈다.

6 송로 오일을 넣고 비빈 후 이태리 파슬리와 그라나 파다노 치즈, 후추, 송로버섯을 뿌려 마무리 한다.

 기본 재료

스파게티 면 100g, 양파 30g, 마늘 1개, 송로 오일 2TS, 치킨 스톡 200ml(채소 스톡으로 변경 가능), 표고버섯 2개, 양송이버섯 1개, 송로버섯 20ml, 이태리 파슬리 5줄기, 꽃소금, 소금, 후추, 그라나 파다노 치즈, 올리브유

# 바닷가재와 후레쉬 토마토, 바질을 곁들인 스파게티

바닷가재와 토마토의 신선함이 살아있는 파스타다.

1 냄비에 꽃소금을 한 줌 넣고 물을 끓인 후 스파게티 면을 5분간 삶는다.

2 끓는 물에 바닷가재를 10분간 삶고 가위로 바닷가재를 손질한다.

3 냄비의 물이 끓기 시작하면 토마토를 넣었다가 뺀 후 찬물에 식혀 껍질을 벗긴다.

4 껍질을 벗긴 토마토를 반으로 자른 후 과육을 제거한다.

5 팬에 올리브유를 두르고 마늘을 손으로 으깬 후 천천히 구워 향을 낸다.

6 마늘 향이 나는 5의 팬에 바닷가재와 새우를 넣고 볶은 후 와인을 넣어 잡내를 제거한다.

7 바닷가재를 볶은 6의 팬에 삶아낸 면과 조개 스톡, 토마토, 바질을 넣어 스톡의 양이 반으로 줄어
들 때까지 비빈다.

8 엑스트라 버진과 이태리 파슬리를 넣고 기호에 맞게 소금 간을 한 후 마무리한다.

 기본 재료

스파게티 면 100g, 마늘 5개, 바질 3장, 토마토 1개, 이태리 파슬리 5줄기, 조개 스톡 200㎖, 바닷가재 1마리, 새우 3
마리, 화이트 와인 50㎖, 엑스트라 버진 1TS, 꽃소금, 소금, 후추, 올리브유

# 생새우와 후레쉬 모짜렐라를 곁들인 스파게티

생새우의 신선함을 알 수 있는 파스타다.
모짜렐라 치즈가 채소 육수에 부드럽게 녹아 더욱 맛있게 먹을 수 있다.

1 냄비에 꽃소금을 한 줌 넣고 물을 끓인 후 스파게티 면을 5분간 삶는다.

2 생새우는 껍질을 벗기고 엑스트라 버진 1TS과 소금, 후추로 간을 한다.

3 팬에 올리브유를 두르고 마늘을 손으로 으깬 후 천천히 구워 향을 낸다.

4 마늘 향이 나는 3의 팬에 고추를 넣어 볶는다.

5 채소 스톡, 삶아낸 면과 토마토, 바질을 넣어 스톡의 양이 반으로 줄어들 때까지 계속 비빈다.

6 나머지 엑스트라 버진과 이태리 파슬리, 후레쉬 모짜렐라, 소금을 넣어 간을 하고 비빈다.

7 접시에 담고 생새우와 쏘렐, 그라나 파다노 치즈를 곁들여서 마무리한다.

 기본 재료

스파게티 면 100g, 마늘 5개, 바질 1장, 방울토마토 5개, 이태리 파슬리 5줄기, 채소 스톡 200ml, 페페론치노 1개, 생
새우 8마리, 후레쉬 모짜렐라 1개, 엑스트라 버진 2TS, 쏘렐 5장, 그라나 파다노 치즈, 꽃소금, 소금, 후추, 올리브유

# 새우와 샤프론을 곁들인
# 먹물 소스 스파게티

샤프론은 가장 비싼 향신료 중 하나다. 스페인 음식 파에야나 생선 요리에 잘 어울리는 향신료다.
음식에 조금만 넣어도 특유의 향과 노란색을 띄는 게 특징이다.

1 냄비에 꽃소금을 한 줌 넣고 물을 끓인 후 스파게티 면을 6분간 삶는다.

2 새우는 가로로 반을 자르고 방울토마토도 반으로 잘라 준비한다.

3 팬에 올리브유를 두르고 마늘을 손으로 으깬 후 천천히 구워 향을 낸다.

4 마늘 향이 나는 3의 팬에 새우를 넣어 볶고 화이트 와인을 넣어 잡내를 제거한다.

5 4의 팬에 조개 스톡과 샤프론, 먹물을 넣어 끓인다.

6 삶아낸 면과 토마토, 조개 스톡을 넣고 스톡의 양이 반으로 줄어들 때까지 계속 비빈다.

7 나머지 엑스트라 버진과 이태리 파슬리, 소금을 넣어 간을 하고 비벼 마무리한다.

 기본 재료

스파게티 면 100g, 마늘 1개, 양파 30g, 방울토마토 5개, 이태리 파슬리 5줄기, 조개 스톡 250ml, 새우 6마리, 샤프론 1ts, 화이트 와인 50ml, 엑스트라 버진 1TS, 먹물 1/3 TS, 꽃소금, 소금, 후추, 올리브유

# 다진 해산물을 곁들인
# 해산물 라구 소스 스파게티

라구는 고기나 생선을 넣어 만들어낸 걸쭉한 소스를 말한다. 라구 소스는 빵에 발라 먹어도 좋다.

1 냄비에 꽃소금을 한 줌 넣고 물을 끓인 후 스파게티 면을 5분간 삶는다.

2 해산물을 곱게 다져 볶아준 후 와인을 넣어 잡내를 제거한다.

3 마늘을 제외한 채소도 곱게 다진 후 볶는다.

4 볶은 해산물과 마늘을 냄비에 한꺼번에 담고 내용물이 충분히 잠긴 상태에서 손가락 한 마디 만큼 더 물을 부어 끓인다.

5 물이 끓기 시작하면 불을 줄이고 그라나 파다노 치즈 2TS와 허브를 넣어 약불로 30분간 끓인다.

6 팬에 올리브유를 두르고 마늘을 손으로 으깬 후 천천히 구워 향을 낸다.

7 6의 팬에 조개 스톡과 삶아낸 면을 넣어 스톡의 양이 반으로 줄어들 때까지 계속 비빈다.

8 나머지 엑스트라 버진과 소금, 이태리 파슬리를 넣어 접시에 담고 끓여낸 해산물 라구 소스, 그라나 파다노 치즈를 뿌려 마무리한다.

 기본 재료

흰살 생선 100g, 관자 2개, 오징어 1/4마리, 시바새우 10마리, 월계수 1장, 타임 5줄기, 그라나 파다노 치즈 3TS, 양파 50g, 당근 40g, 대파 40g, 셀러리 1줄기, 간 마늘 1/2TS, 마늘 5개, 스파게티 면 100g, 이태리 파슬리 5줄기, 조개 스톡 200ml, 화이트 와인 50ml, 엑스트라 버진 1TS, 꽃소금, 소금, 후추, 올리브유

# 신선한 토마토 페스토와 레몬 제스트를 곁들인
# 해산물 스파게티

토마토 페스토는 이탈리아의 시칠리아라는 섬에서 많이 만들어 먹는 소스다.
신선한 토마토를 갈아 만들어서 끓여낸 토마토소스보다 신선함을 느낄 수 있다

1 냄비에 꽃소금을 한 줌 넣고 물을 끓인 후 스파게티 면을 5분간 삶는다.

2 토마토, 바질, 그라나 파다노 치즈 2TS, 엑스트라 버진, 마늘 1개, 아몬드를 믹서에 넣고 간다.

3 팬에 올리브유를 두르고 마늘을 손으로 으깬 후 천천히 구워 향을 낸다.

4 3의 팬에 해산물을 넣어 볶고 화이트 와인을 넣어 잡내를 제거한다.

5 조개가 잠길 정도로 물을 붓고 끓인다.

6 팬의 조개가 입을 벌리면 조개 스톡과 삶아낸 면을 넣어 스톡의 양이 반으로 줄어들 때까지 비빈다.

7 만들어 놓은 페스토를 6의 스파게티와 섞어 접시에 담고 레몬 제스트와 이태리 파슬리, 그라나
파다노 치즈를 뿌려 마무리한다.

 기본 재료

스파게티 면 100g, 토마토 1개, 바질 6장, 레몬 1개, 아몬드 20g, 엑스트라 버진 3TS, 그라나 파다노 치즈 3TS, 마늘 6
개, 오징어 1/3마리, 관자 2개, 새우 5마리, 화이트 와인 50ml, 바지락 10개, 조개 스톡 100ml, 소금, 후추, 올리브유

# 송로버섯향의 육회를 곁들인 스파게티

가족들과 식사를 하다가 생각난 파스타로, 어울리지 않을 것 같던 두 가지의 요리를 한 접시에 담아냈다.
차가운 육회와 따뜻한 파스타의 조합은 생각보다 근사하다.

1 냄비에 꽃소금을 한 줌 넣고 물을 끓인 후 스파게티 면을 5분간 삶는다.

2 양파와 차이브는 다지고 소금, 후추, 간 마늘, 송로 오일, 육회용 고기와 함께 버무린다.

3 팬에 올리브유를 두르고 마늘을 손으로 으깬 후 천천히 구워 향을 낸다.

4 3에 페페론치노를 넣어 살짝 더 볶는다.

5 삶아낸 면과 치킨 스톡을 넣어 스톡의 양이 반으로 줄어들 때까지 계속 비빈다.

6 엑스트라 버진과 이태리 파슬리를 넣고 기호에 맞게 소금 간을 한 후 육회, 루꼴라를 뿌려 완성한다.

 기본 재료

스파게티 면 100g, 마늘 5개, 페페론치노 1개, 이태리 파슬리 5줄기, 치킨 스톡 200ml, 양파 10g, 간 마늘 1/3ts, 차이브 2줄기, 육회용 소고기 80g, 송로 오일 1TS, 엑스트라 버진 1TS, 루꼴라 5장, 꽃소금, 소금, 후추, 올리브유

# 아스파라거스 어린 양배추 차돌박이를 곁들인 스파게티

스파게티는 느끼하다고 생각하는 사람들이 좋아할 만한 파스타로, 차돌박이 대신 다른 소고기를 곁들여도 좋다.

1 냄비에 꽃소금을 한 줌 넣고 물을 끓인 후 스파게티 면을 5분간 삶는다.

2 아스파라거스는 얇게 썬다.

3 어린 양배추는 반으로 자른 후 버터에 굽는다.

4 팬에 올리브유를 두르고 마늘을 손으로 으깬 후 천천히 구워 향을 낸다.

5 페페론치노, 차돌박이를 넣어 살짝 더 볶은 후 화이트 와인을 넣어 잡내를 제거한다.

6 삶아낸 면과 치킨 스톡을 넣어 스톡의 양이 반으로 줄어들 때까지 계속 비빈다.

7 엑스트라 버진과 이태리 파슬리, 구운 양배추, 아스파라거스를 넣어 버무리고 기호에 맞게 소금 간을 하여 완성한다.

 기본 재료

스파게티 면 100g, 마늘 5개, 페페론치노 1개, 이태리 파슬리 5줄기, 치킨 스톡 200ml, 차돌박이 70g, 어린 양배추 3개, 아스파라거스 2줄기, 엑스트라 버진 1/2TS, 화이트 와인 50ml, 참기름 1/2TS, 굴소스 1/3TS, 꽃소금, 소금, 후추, 올리브유

# 리코타 치즈로 속을 채운
# 리가토니와 바질 페스토, 토마토소스

리가토니는 속이 비어있는 원통형 파스타의 한 종류로, 속을 채워 요리를 하기도 한다.

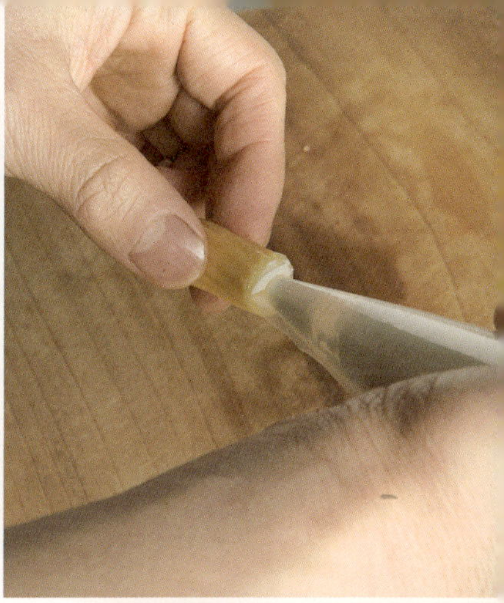

1 냄비에 꽃소금을 한 줌 넣고 물을 끓인 후 리가토니를 7분간 삶는다.

2 양파와 마늘을 곱게 다진다.

3 시금치는 뜨거운 물에 데친다.

4 물기를 짜내고 리코타 치즈와 섞은 후 짤 주머니에 담아 리가토니에 짜 넣는다.

5 토마토소스에 속을 채운 리가토니를 넣고 살짝 데운 후 엑스트라 버진을 넣는다.

6 접시에 담고 바질 페스토와 그라나 파다노 치즈를 올려 마무리한다.

 기본 재료

리가토니 80g, 양파 30g, 마늘 1개, 바질 1장, 시금치 50g, 토마토소스 200ml, 엑스트라 버진 1TS, 리코타 치즈 5TS, 바질 페스토 1TS, 꽃소금, 소금, 후추, 그라나 파다노 치즈

# 성게알과 아부르가를 곁들인 스파게티

아부르가는 청어알을 말한다. 아부르가는 캐비어의 맛과 흡사하지만,
철갑상어알인 캐비어보다 저렴하게 구입할 수 있다.

1 냄비에 꽃소금을 한 줌 넣고 물을 끓인 후 스파게티 면을 5분간 삶는다.

2 팬에 올리브유를 두르고 마늘을 손으로 으깬 후 천천히 구워 향을 낸다.

3 2의 팬에 고추와 대파를 넣고 볶고, 성게알 반을 넣어 볶아준 후 화이트 와인을 부어 잡내를 제
거한다.

4 조개 스톡에 삶아낸 면을 넣어 스톡의 양이 반으로 줄어들 때까지 계속 비빈다.

5 엑스트라 버진과 토마토, 이태리 파슬리, 소금 간을 하고 비빈다.

6 접시에 담고 남아있는 성게알과 쏘렐, 아부르가, 그라나 파다노 치즈를 곁들여서 마무리한다.

 기본 재료

스파게티 면 100g, 마늘 5개, 대파 30g, 방울토마토 5개, 이태리 파슬리 5줄기, 조개 스톡 200ml, 페페론치노 1개, 성
게알 50g, 화이트 와인 50ml, 엑스트라 버진 1TS, 쏘렐 5장, 아부르가 1TS, 그라나 파다노 치즈, 꽃소금, 소금, 후추,
올리브유

"셰프님 이신가요? 음식이 참 맛있네요.
제가 양식을 좋아하는데
서울에서 제일 맛있는 이탈리아 식당인거 같아요!
또 찾아오겠습니다."

## his story

지금의 까델루뽀를 생각하면 처음부터 손님이 많았을 것 같지만, 오픈하고 2년간은 빈 테이블만 바라봤다. 유동 인구도 없고 골목 끝자락에 있어 찾기도 어려울 뿐더러 '효자동'이라는 동네는 서울에서 나고 자란 나에게도 낯선 곳이었다.
식당 주인인 나도 그렇게 느끼는데 하물며 다른 이들에게는 더욱 생소하게 느껴졌을 것이다.

'음식만 잘하면 손님은 찾아온다.'라는 생각에 무턱대고 차린 식당의 빈 테이블을 바라보며 한숨만 늘고 웃음과 자신감이란 것을 잃어 갈 무렵, 모든 것을 정리하려 했다.
그때마다 '한 주일만 더 해보자. 재료가 남았으니 이것만 다 팔자.'는 마음으로 하루하루를 버텼다.

여전히 채워지지 않는 식당의 어느 날, 식사를 끝낸 손님이 황급히 나를 찾았다.

"셰프님 이신가요? 음식이 참 맛있네요. 제가 양식을 좋아하는데 서울에서 제일 맛있는 이탈리아 식당인거 같아요! 또 찾아오겠습니다."

모든 걸 내려놓으려던 생각들은 어느 새 다 잊히고 그의 말만 떠올랐다.

'참 맛있어요.' 그 말이 귓가에서 떠나질 않고 계속 맴돌았다.
그날은 하루 종일 실성한 사람처럼 방실거리며 웃어버렸다.

"요리할 때 항상 사랑하는 사람에게
만들어 준다고 생각하고 만들어봐.
음식도 표정을 짓거든!"

다음날 그는 지인의 예약까지 손수 하며 식당을 찾았다. 이상하게도 그날 이후 그와 같은 손님이 제법 생겼다.

이유가 뭘까? 어떤 부분이 그들에게 전해졌기에 다시 찾아 주는 거지?

생각을 곱씹어 보니 오픈을 하고 1,2년간은 수익을 내려고만 했던 것 같다. 원가가 얼마고 월세는 어떻고 인건비에 전기세 등등... 이런 생각이 많아질수록 진심이 담긴 음식을 할 수가 없었다.

그러나 식당을 접으려던 그때, 진심으로 음식만 마주하며 요리할 수 있게 되었다.
마지막이다 생각하고 잡다한 생각을 털어내고 음식을 할 수 있었던 것이 오히려 플러스로 작용한 것이다.

사실 식당을 오픈하기 전에 아버지가 항상 해주셨던 이야기가 있다.

"요리할 때 항상 사랑하는 사람에게 만들어 준다고 생각하고 만들어 봐. 음식도 표정을 짓거든!"

오픈 초기에 몇 번이나 말씀하셨지만 대수롭지 않게 흘렸던 그 말의 의미를 비로소 느끼던 순간이었다.
팔기 위한 요리를 하지만 그 대상을 존중하고 매순간 최선과 정성을 다 하면 음식은 틀림없이 맛있어 진다는 것을 잊고 있었던 거다.

그날 이후 항상 음식 앞에 나설 때는 진심을 다해 마음을 담아내려 하고 있다.

지금은 예전보다 많은 이들이 북적이며 식사 후에는 "참 행복했어요!"라고 말하며 식당을 나선다.

다툼으로 서먹한 커플들도 음식을 먹으며 서로 웃어 버리고 마는 기적 같은 일을 오늘도 마주한다.

PART
05

리소토와
해산물, 고기 요리

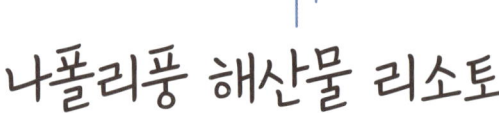

# 나폴리풍 해산물 리소토

토마토소스를 조금 넣어 다른 맛의 리소토를 맛볼 수도 있다.

1 쌀을 물에 3시간 정도 불려서 씻어 전분기를 제거한다.

2 양파는 곱게 다지고 다진 양파의 반만 팬에 볶은 후 전분기를 제거한 쌀을 함께 넣어 볶는다. 물기가 완전히 사라지면 준비된 화이트 와인 반(50ml)을 넣는다.

3 쌀이 살짝 잠길 정도로 물을 넣고 잘 저어 쌀을 반 정도만 익힌다.

4 다른 팬에 마늘과 남아 있는 다진 양파를 넣어 볶고 해산물도 넣어 볶는다. 기름이 튈 수 있으니 뚜껑이나 파이 팬을 덮고 와인과 해산물이 잠길 정도로 물을 붓는다.

5 조개가 입을 벌리면 쌀과 토마토, 바질을 넣고 촉촉한 상태가 될 때까지 약불에서 저어준다.

6 버터와 그라나 파다노 치즈를 넣어 잘 섞고 접시에 담는다.

 기본 재료

쌀 80g, 바질 1장, 양파 70g, 그라나 파다노 치즈 4TS, 버터 2TS, 마늘 6개, 방울토마토 5개, 오징어 1/3마리, 관자 2마리, 새우 5마리, 홍합 5개, 화이트 와인 100ml, 바지락 10개, 조개 스톡 100ml, 소금, 후추, 올리브유

# 초록콩과 새우, 샤프론을 곁들인
# 리소토

리소토에서 마지막에 하는 작업은 항상 그라나 파다노 치즈와 버터를 넣는 것이다.
완성된 음식의 풍미를 더 해주고 더욱 부드럽게 한다.

1 쌀을 물에 3시간 정도 불려서 씻어 전분기를 제거한다.

2 양파는 곱게 다지고 다진 양파의 반만 팬에 볶은 후 전분기를 제거한 쌀을 함께 넣고 볶는다. 물기가 완전히 사라지면 준비된 화이트 와인 반(50ml)을 넣는다.

3 쌀이 살짝 잠길 정도로 물을 넣고 잘 저어 쌀을 반 정도만 익힌다.

4 다른 팬에 마늘과 남아 있는 다진 양파를 넣어 볶고 새우도 넣어 볶는다. 와인을 부어 잡내를 잡는다.

5 조개 스톡과 샤프론을 넣고 조개 스톡이 노란 색이 될 때까지 약불로 3분 정도 끓인다.

6 3의 쌀과 토마토, 콩을 넣고 촉촉한 상태가 될 때까지 약불에서 저어준다.

7 팬을 달군 후 관자를 바삭하게 굽는다.

8 버터와 그라나 파다노 치즈를 넣어 잘 섞고 7의 관자를 올리고 접시에 담는다.

 기본 재료

쌀 80g, 양파 70g, 마늘 1개, 그라나 파다노 치즈 4TS, 버터 2TS, 방울토마토 5개, 관자 2마리, 새우 6마리, 초록콩 20알, 샤프론 1ts, 화이트 와인 100ml, 조개 스톡 200ml, 소금, 후추, 올리브유

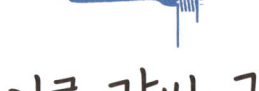

# 종이로 감싸 구운
# 시칠리아풍 광어 구이

이탈리아는 '카르토치오', 프랑스는 '파피요트'라고 불리는 요리로, 유럽의 여러 나라에서 사랑받는 요리다.
광어 대신 좋아하는 생선과 해산물을 넣어 자신만의 요리를 만들 수 있다.

1 종이 호일을 30cm 크기로 세 장 뜯어 놓는다.

2 감자는 0.1cm로 얇게 썬다.

3 아스파라거스는 얇게 썰고 토마토는 반으로, 레몬은 얇게 링으로 썬다.

4 종이는 두 장을 겹치고 겹친 종이 위에 감자를 간 후 소금, 후추, 엑스트라 버진, 그라나 파다노 치즈를 뿌린다.

5 감자 위에 생선을 올리고 다시 소금, 후추, 엑스트라 버진, 그라나 파다노 치즈를 뿌린다.

6 생선 위에 타임, 레몬을 올리고 생선 곁에 새우, 방울토마토, 아스파라거스를 곁들인 후 종이 호일을 덮어 모서리를 잘 접는다. 스템플러로 찍어 종이 호일을 고정한다.

7 250도 오븐에서 16분간 구워낸 후 접시에 담는다.

 기본 재료

감자 1/2개, 광어 1/2마리, 새우 2마리, 레몬 1/2개, 아스파라거스 2줄기, 토마토 3개, 타임 5줄기, 그라나 파다노 치즈, 엑스트라 버진, 소금, 후추, 종이 호일

# 올리브 페스토와 레몬 마늘 소스를 곁들인 광어 구이

레몬 마늘 소스는 너무 오래 끓이면 레몬의 텁텁한 맛까지 느껴지기에 농도가 나올 때까지만 끓인다.

1 올리브는 씨를 제거하고 곱게 간다.

2 팬에 올리브유를 둘러 얇게 썬 마늘을 구워 향을 낸다.

3 2의 팬에 레몬즙, 채소 스톡, 꿀, 소금, 후추를 넣고 끓기 시작하면 버터를 1TS 넣어 좀 더 끓여 소스를 만든다.

4 다른 팬이 달궈지면 생선을 넣어 한쪽 면을 바삭하게 굽는다. 색이 나타나면 버터와 타임을 넣어 향을 입힌다. 이때 양쪽 다 바삭하게 구우면 속까지 너무 익기 때문에 한쪽면만 바삭하게 굽는다.

5 중불에서 천천히 양파를 노릇하게 굽는다.

6 접시에 4의 생선과 만들어 놓은 3의 소스를 곁들이고 갈아 둔 1의 올리브와 쏘렐, 발사믹 리덕션을 중간 중간 뿌려 마무리한다.

 기본 재료

초록 올리브 20개, 레몬 1/2개, 마늘 2개, 채소 스톡 100ml, 버터 2TS, 광어 1/2마리, 양파 1/3개, 꿀 1/4TS, 쏘렐 5장, 타임 5줄기, 발사믹 리덕션, 소금, 후추, 올리브유

# 오렌지 생강 소스를 곁들인
# 참치 구이와 토마토, 오렌지 거품

참치를 양념된 간장에 재워 두면 비린내는 완전히 제거되고 훨씬 더 담백한 참치의 맛을 느낄 수 있다.

1 맛술과 간장을 섞은 후 참치를 2시간 정도 담가 참치에 향이 배이도록 둔다. 이때 참치가 얼었다면 1시간 정도 소금물에 넣어서 녹인 후 사용한다.

2 오렌지 주스 250ml에 으깬 생강을 넣어 끓이고 끓기 시작하면 버터를 넣어 졸여낸 소스를 만든다.

3 토마토는 뜨거운 물에 넣었다가 빼서 껍질을 벗기고 과육만 1cm 크기로 썰고, 키위도 껍질을 벗겨 씨를 제거하고 같은 크기로 썬다.

4 올리브와 바질을 다지고 썰어 둔 토마토, 키위, 마늘, 엑스트라 버진, 소금, 후추와 함께 섞는다.

5 남은 오렌지 주스에 레시틴을 넣어 살짝 끓이고 큰 볼에 옮겨 식힌 후 핸드 블랜더로 수면을 쳐서 거품을 만든다.

6 팬에 올리브유를 두르고 향이 배인 1의 참치를 한쪽면만 살짝 굽는다.

7 접시에 2의 소스를 담고 구운 6의 생선을 올린 후 섞어놓은 4의 토마토와 5의 거품을 올려 마무리한다.

 기본 재료

오렌지 주스 500ml, 생강 1개, 버터 2TS, 참치 150g, 토마토 1/2개, 키위 1/2개, 올리브 5개, 간 마늘 1/3ts, 바질 2장, 맛술 50ml, 간장 50ml, 엑스트라 버진 2TS, 레시틴 2g, 소금, 후추, 올리브유

당신이 기분 상해 있을 때
꼭 만들어 주고 싶은
마법 같은 요리가 있어요.
그때 내게 말해요.
내가 달래 줄게요.

# 병아리콩 퓨레, 캐비어를 곁들인 꾸스꾸스와 문어

문어는 때리지 않으면 질기기 때문에 꼭 많이 두들겨 사용한다.

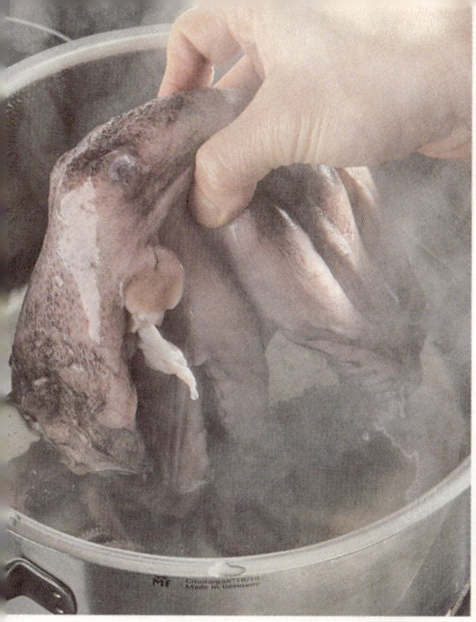

1 문어는 봉지로 감싼 뒤 방망이나 홍두깨로 쳐서 부드럽게 만든 후 끓는 물에 20분간 삶는다.

2 꾸스꾸스는 5분간 삶는다.

3 적양파, 차이브는 곱게 다지고 삶아낸 꾸스꾸스와 엑스트라 버진, 소금, 후추와 함께 섞는다.

4 양파, 마늘은 얇게 썰어 팬에 볶고 색이 나기 시작하면 병아리콩을 넣고 볶는다.

5 4의 볶은 콩에 생크림, 채소 스톡, 우유를 넣고 끓인 후 갈아서 퓨레를 만든다.

6 삶은 문어를 먹기 좋게 썰어 팬에 앞뒤로 구운 후 버터와 타임을 곁들인다.

7 접시에 5의 퓨레를 담고 2의 꾸스꾸스와 6의 구워낸 문어를 올린다. 짤 주머니나 튜브에 마요네즈와 아보카도 무스를 넣어 문어 위에 짜고 캐비어를 곁들여 마무리한다.

 기본 재료

문어 1/2마리, 꾸스꾸스 80g, 양파 1/3개, 마늘 1개, 병아리콩 200g, 생크림 100ml, 우유 50ml, 채소 스톡 5ml, 적양파 10g, 차이브 10g, 버터 1TS, 타임 5줄기, 아보카도 무스 1TS(49쪽 참고), 마요네즈 1TS, 캐비어 1/3TS, 엑스트라 버진 2TS, 소금, 후추, 올리브유

# 바삭하게 구운
# 허브향의 감자와 문어, 바질 오일

문어와 감자는 오래 전부터 인기 있는 조합이다.
문어는 데칠 때 녹차 티백을 넣어서 삶으면 문어의 냄새를 잡아 더 맛있게 즐길 수 있다.

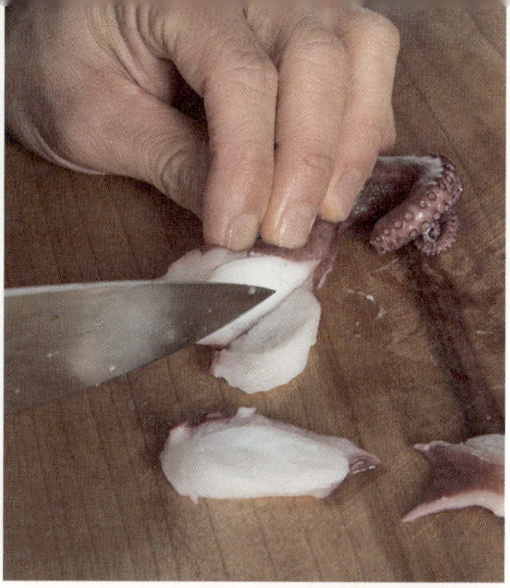

1 감자는 껍질을 벗기고 1.5cm 주사위 크기로 썬다.

2 팬에 깍뚝 썬 감자의 겉면을 노릇하게 굽는다.

3 감자에 버터와 로즈마리, 소금을 뿌린 후 250도 오븐에서 7분간 굽는다.

4 문어는 물에 20분간 삶은 후 얇게 썬다.

5 썬드라이 토마토와 모짜렐라 치즈는 0.5cm 크기로 썬다.

6 접시에 2의 구운 감자를 담고 그 위에 4의 문어와 썬드라이 토마토, 모짜렐라 치즈, 바질 오일,
처빌을 곁들인다.

 기본 재료

감자 2개, 문어 다리 1개, 버터 1TS, 로즈마리 1줄기, 바질 오일 2TS, 썬드라이 토마토 5개, 후레쉬 모짜렐라 1개, 처
빌, 소금, 후추, 올리브유

# 스카모르짜 치즈와 발사믹 양파를 곁들인 채끝 스테이크

발사믹에 볶은 양파는 한번 만들어 두면 냉장고에서 오랫동안 보관할 수 있다.
또한 오리고기나 샌드위치, 햄버거 등에도 잘 어울린다. 집에서도 쉽게 만들 수 있다.

1 고기의 핏물을 제거한 후 올리브유를 두르고 소금과 후추를 뿌린다. 고기는 굽기 전에 키친타올로 핏기를 제거하면 고기 잡내를 제거할 수 있다.

2 스카모르짜 치즈를 얇게 썬다. 스카모르짜 치즈가 없으면 모짜렐라 치즈나 스모크 치즈를 사용한다.

3 양파는 얇게 썰어 갈색 빛이 돌때까지 천천히 볶는다.

4 발사믹 식초를 붓고 식초가 다 날라 갈 때까지 볶는다.

5 팬을 달궈 올리브유를 두르고 1의 고기를 앞뒤로 구워준 후 버터 1TS와 마늘, 로즈마리를 넣어 향을 더한다.

6 5의 구운 고기 위에 3의 볶은 양파와 2의 스카모르짜 치즈를 올리고 250도 오븐에서 3분간 굽는다.

7 폰드뷰 소스에 버터 1TS를 넣어 끓이고 6의 고기와 함께 곁들인다.

 기본 재료

채끝 150g, 양파 1/2개, 발사믹 식초 100ml, 스카모르짜 치즈 50g, 마늘 3개, 로즈마리 2줄기, 폰드뷰 소스 5TS, 버터 2TS, 소금, 후추, 올리브유

# 허브 빵가루와 겨자를 발라구운 양갈비

고기가 두꺼우면 오븐에 넣어 구운 후 빼내어 겨자와 빵가루를 발라 다시 굽는다.

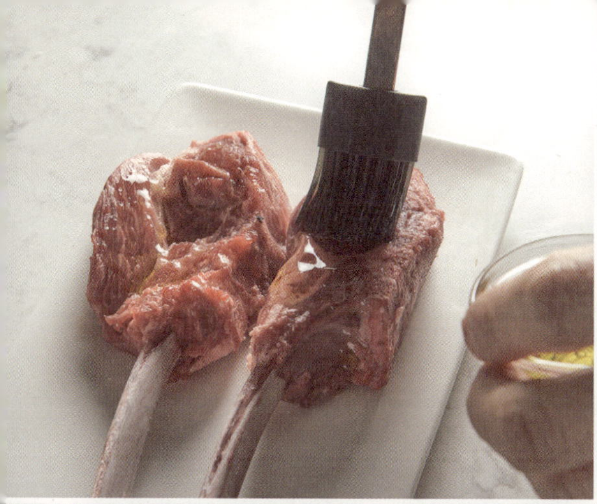

1 양갈비에 올리브유를 바르고 소금과 후추를 바른다.

2 양갈비는 달군 팬에 앞뒤로 굽고 버터 1TS와 로즈마리를 넣어 향을 더한다.

3 빵가루에 빵가루의 1/3 분량 정도의 그라나 파다노 치즈를 갈아 섞는다.

4 3의 섞은 빵가루에 줄기를 제거한 타임과 엑스트라 버진을 넣고 250도 오븐에서 4분간 노릇하게 굽는다. 1분마다 오븐에서 빼서 잘 섞으면서 굽는다.

5 4의 팬에 머스터드를 바르고 허브 빵가루를 발라 230도 오븐에서 4분간 굽는다.

6 폰드뷰 소스에 버터 1TS를 넣고 끓여 고기와 함께 곁들인다.

 기본 재료

양갈비 2대, 빵가루 100g, 버터 2TS, 로즈마리 2줄기, 타임 5줄기, 엑스트라 버진 1TS, 디종 머스터드 2TS, 폰드뷰 소스 5TS, 소금, 후추, 그라나 파다노 치즈, 올리브유

# 허브에 마리네이드한 토스카나풍
# 통돼지 갈비

피렌체는 두꺼운 고기가 유명하다. '비스테카 피오렌티나' 라고 하는 두께가 10cm나 되는 티본스테이크가 있을 정도다.
맛있게 갈비를 구운 후 느긋하게 와인과 함께 즐겨보자.

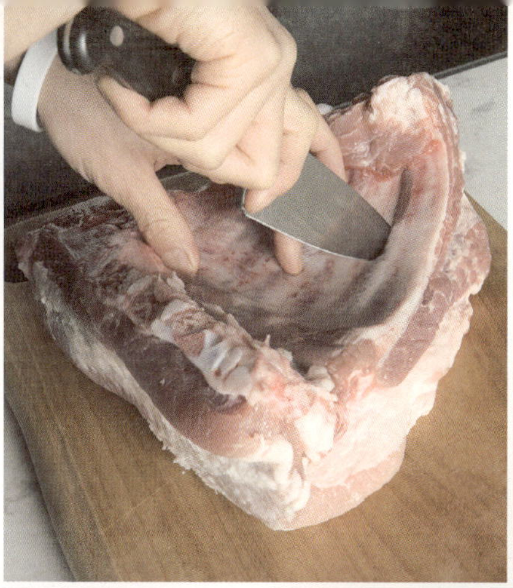

1 로즈마리, 타임, 파슬리, 마늘, 페페론치노, 소금, 후추, 올리브유를 함께 간다.

2 손질한 갈비살에 1을 바르고 하루 정도 숙성시킨다.

3 팬에 숙성시킨 2의 갈비살을 굽고 다시 250도 오븐에서 10분간 굽는다.

4 루꼴라에 엑스트라 버진과 발사믹 리덕션을 뿌리고 갈비살과 레몬을 곁들인 후 접시에 담는다.

 기본 재료

로즈마리 5줄기, 타임 5줄기, 이태리 파슬리 5줄기, 마늘 5개, 페페론치노 2개, 통돼지 갈비살 500g, 루꼴라 50g, 레몬 1/2개, 엑스트라 버진 1TS, 발사믹 리덕션 1TS, 소금, 후추, 올리브유

# 레드 와인 소스를 곁들인
# 비프 웰링턴

유럽에서 연말이나 특별한 날에 가족들이 둘러 모여 해먹는 요리다.
일 년에 한두 번 사랑하는 가족과 연인을 위해서 조금은 사치스럽고 손이 많이 가지만 맛있는 비프 웰링턴을 만들어 보자.

1 고기의 핏물을 제거한 후 올리브유를 두르고 소금과 후추를 뿌린다.

2 버섯들은 모두 얇게 썰고 양파도 얇게 썬다.

3 썰어 둔 양파를 팬에 볶아 색이 나면 버섯을 넣어 같이 볶는다. 소금, 후추로 간을 한 후 송로 오일을 넣어 간다.

4 팬을 달궈 올리브유를 둘러 고기를 앞뒤로 굽고 버터 1TS와 마늘, 로즈마리를 넣어 향을 더한다.

5 페이스트리를 25cm 사각형 모양이 되도록 밀대로 민다.

6 5의 페이스트리에 겨자를 바르고 프로슈토, 4의 구운 고기, 3의 갈아놓은 버섯, 푸아그라 무스 순서로 덮은 후 250도 오븐에서 페이스트리가 구워질 정도로 8분간 굽는다.

7 폰드뷰 소스에 버터 1TS, 레드 와인을 넣어 끓여 고기와 함께 곁들인다.

 기본 재료

안심 100g, 페이스트리 70g, 마늘 3개, 프로슈토 1장, 푸아그라 무스 1TS, 송로 오일 1TS, 표고버섯 2개, 양송이버섯 2개, 새송이버섯 1개, 양파 20g, 디종 머스터드 1TS, 로즈마리 2장, 폰드뷰 소스 5TS, 버터 2TS, 레드 와인 50ml, 폰드뷰 소스 3TS, 소금, 후추, 올리브유

# 단호박 무스를 곁들여 저온 요리한
# 통삼겹살 구이

수비드는 40~80도 정도 되는 높지 않은 온도에서 오랜 시간 익혀내는 요리법이다.
오랜 시간 익혀냈기에 일반 조리법보다 훨씬 부드러운 식감을 즐길 수 있다.

1 오븐 온도를 70도로 설정하고 9시간 오븐에서 굽는다. 이때 오븐 온도가 80도가 최저라면 80도
에서 8시간 굽는다.

2 양파와 마늘 1개, 단호박은 얇게 썬다.

3 냄비에 양파와 마늘을 볶아 색이 나면 호박을 넣어 함께 볶고 생크림, 우유를 넣어 약하게 끓여
호박을 완전히 익힌 후 간다.

4 적양파와 바질은 얇게 썰고 화이트 와인 비네거, 엑스트라 버진, 꿀을 넣어 섞는다.

5 오렌지는 껍질을 벗기고 과육만 도려낸다.

6 달군 팬에 올리브유를 둘러 고기를 앞뒤로 굽고 버터 1TS와 마늘, 로즈마리를 넣어 향을 더한다.

7 접시에 3의 단호박 무스를 담고 6의 구워낸 고기와 5의 오렌지, 4의 적양파 절임, 소렐을 곁들여
마무리한다.

 기본 재료

통삼겹살 200g, 오렌지 1/2개, 적양파 30g, 바질 2장, 화이트 와인 비네거 30ml, 엑스트라 버진 50ml, 단호박 1/4개,
양파 1/2개, 로즈마리 2줄기, 버터 1TS, 꿀 1/3TS, 마늘 4개, 생크림 200ml, 우유 50ml, 소렐 3줄기, 소금, 후추, 올리
브유

his story

'변함없다'는 말을 좋아한다.

내가 하는 일이 새로움을 만드는 일로 보일 수도 있지만, 사실 새로움을 찾는 부분은 아주 일부일 뿐이고 대부분은 어제 한 것을 반복하는 일이다.

다시 말하면 내 일은 반복된 것들과 일말의 호기심으로 점철된 산물이라고 해둘 수 있을 것 같다.

그렇게 변함없이 7년을 같은 시간, 같은 장소에 나와 썰고 볶고 끓여내고 정리하고를 반복할 무렵 이탈리아가 그리워지기 시작했다.

아니 항상 그리웠지만 그립지 않다며 그 애틋한 감정을 애써 밀어내곤 했었다. 레스토랑이 어느 정도 자리 잡기 전까지는 그리움의 감정 따위는 사치라고 생각했다. 그 때마다 일에 무섭게 더 파고들었다.

7년이라는 시간 동안 TV나 책 등에서 이탈리아가 간혹 비춰질 때면 차마 볼 수 없어 회피해 버렸다. 이탈리아는 나를 단단하게 성장시켜준 은인인 동시에 역설적이게도 마음을 약하게 만드는 존재였던 까닭이다. 보게 되면 분명 결심이 무너질 것을 누구보다 잘 알고 있었다.

7년의 시간이 멈춘 듯 모든 것들이
그 자리 그대로였다.
그들이 눈에 익기 시작했을 때
하나하나 잊혔던 기억들이 날 일깨워줬다.

그렇게 수없이 마음을 다잡던 어느 날, 빤질빤질하던 도마가 투박하게 금이 가고 분신과도 같던 칼의 손잡이가 닳아져 버린 것을 발견하고 그제야 뒤를 한번 돌아보고 싶어졌다. 몇날 며칠을 고심하다 티켓을 끊고 말았다.

티켓을 손에 쥐고 나니 뒤늦게 향수병이 도졌다. 매일 밤 토스카나의 그 길들을 마음속으로 그리고 또 기억해 냈다. 낡고 고즈넉한 거리의 풍광과 비릿한 새벽 공기 사이의 햇살, 그리고 비현실적으로 아름다웠던 퇴근길 언덕의 야경까지도...

그리움의 시간을 지나 고대했던 이탈리아행 비행기에 올랐을 때 예전 로시난테를 처음 탔을 때처럼 코끝이 찡해 왔다.

두근대는 마음을 가득 안고 도착한 로마를 마주했을 때 나는 정말 깜짝 놀랐다.

7년의 시간이 멈춘 듯 모든 것들이 그 자리 그대로였다. 그들이 눈에 익기 시작했을 때 하나 하나 잊혔던 기억들이 날 일깨워줬다.

마치 어제까지 이곳에 살았던 것 같았달까, 그렇게 변함없이 자리를 지켜준 이탈리아의 모습에 감사하며 이내 마음 한 켠 숨어있던 가장 그리운 곳이 떠올랐다.

로시난테와 머물렀던 토스카나의 어느 시골집, 그리고 동고동락을 함께 한 레스토랑과 그 직원들...

PART
06

디저트

# 신선한 레몬즙으로 만든
# 셔벗

레몬 셔벗을 만들고 바질이나 루꼴라를 넣어 갈아 주면 색다른 셔벗으로 즐길 수 있다.

1 물에 설탕을 넣어 끓인다.

2 레몬은 깨끗하게 씻고 필러를 이용해서 껍질을 얇게 썬다.

3 레몬은 반을 잘라 즙을 낸다.

4 레몬즙과 1의 만들어 놓은 시럽, 레몬 껍질을 섞은 후 냉동고에 넣는다.

5 6시간마다 한 번씩 꺼내어 섞는다.

 기본 재료

레몬 3개, 설탕 100g, 물 500ml

# 와인에 절인 배를 곁들인
# 와인 그라니떼

유럽의 배는 우리나라처럼 달지 않고 신맛과 떫은맛이 강하다. 그래서 와인에 절여서 부족한 맛을 채운다.
그라니떼는 과일과 설탕, 와인 등을 혼합해서 만든 얼음과자다.
서양 배보다 훨씬 맛있는 국내산 절인 배와 그라니떼는 누구나 좋아할 디저트다.

1 배는 껍질을 벗겨 1cm 주사위 모양으로 썬다.

2 절인 배에 필요한 재료를 냄비에 모두 넣고 끓여 완전히 식힌 후 1의 썰어 둔 배에 붓고 이틀 동안 냉장고에 둔다.

3 와인 200ml, 물, 설탕, 꿀, 월계수를 넣고 약불로 10분간 끓인다.

4 3의 끓인 와인에 다시 와인 200ml와 계피를 넣고 식힌다.

5 완전히 식은 와인을 냉동실에 넣어 얼린다.

6 6시간마다 한 번씩 꺼내어 섞는다.

7 볼에 완성된 그라니떼와 2의 와인에 절인 배를 담는다.

 기본 재료

**절인 배** 물 180ml, 레드 와인 180ml, 설탕 30g, 통후추 5알, 월계수 1장, 계피 10g, 배 1개
**그라니떼** 와인 400ml, 계피 20g, 물 200ml, 설탕 65g, 꿀 12g

# 판나코타

판나코타는 이탈리아어로 '익힌 생크림'이라는 뜻이다. 크림의 부드러운 맛을 충분히 느낄 수 있는 디저트다.

1 우유에 설탕, 바닐라 빈을 넣고 살짝 끓인다. 바닐라 빈이 없다면 생략해도 좋다.

2 생크림은 휘퍼로 80% 정도(완전히 빡빡하지 않고 살짝 굳혀지기 시작할 정도)로 친다.

3 젤라틴은 찬물에 담가 흐물거리면 1의 끓인 우유에 넣는다.

4 3의 우유는 식혀 2의 생크림과 잘 섞어 용기에 담아 냉장 보관한다.

5 완전히 굳은 판나코타 위에 블루베리를 곁들인다.

 기본 재료

우유 250ml, 설탕 50g, 생크림 250ml, 젤라틴 3.5장, 바닐라 빈 1개, 블루베리 50g

주방에서 요리하는 동안 난 혼자가 아니었다.
지독히도 반복되는 일과 분주하게 홀로 일 할 때도
내 음식을 기다려 주는
그 누군가는 항상 존재했다.

# 초콜릿 무스

피곤할 때 초콜릿으로 기운을 얻곤 한다. 지금도 피곤할 때면 만들어서 먹는 디저트다.
은은하게 퍼지는 커피의 향과 달콤한 초콜릿이 모든 스트레스를 사라지게 한다.

1 냄비에 커피와 우유를 섞고 끓인다.

2 다크 초콜릿을 얇게 썬 후 커피를 녹인 1의 우유에 넣어 완전히 녹이고 불은 끈다.

3 젤라틴은 찬물에 담가 흐물거리면 2의 우유에 넣는다.

4 노른자를 초콜릿이 녹은 우유에 넣고 섞는다.

5 생크림에 설탕을 넣고 휘퍼로 단단하게 친다.

6 쳐낸 생크림과 4의 우유를 섞은 후 용기에 담아 냉장고에 3시간 둔다.

 기본 재료

다크 초콜릿 150g, 우유 250ml, 달걀 노른자 2개, 설탕 1TS, 젤라틴 2장, 생크림 200ml, 인스턴트 커피 1TS

# 크렘블레

이탈리아에서 공부할 때 셰프는 식사 후에 항상 크렘블레를 먹곤 했다.
얇게 구워진 설탕 층과 달콤한 크림이 지금도 한 입 베어물면 그때가 떠오른다.
바닐라 빈은 바닐라 향이 나는 식물로, 음식에 넣으면 고급스러운 바닐라향이 난다.

1 생크림을 살짝 데운다.

2 설탕, 노른자, 바닐라 빈을 잘 섞는다. 이때 바닐라 빈이 없다면 생략해도 좋다.

3 1의 데운 생크림과 잘 섞인 2를 섞어 체로 거른다.

4 오븐 용기 컵에 3을 담아 틀에 넣고 틀 안에는 컵이 반 정도 잠길 물을 붓는다.

5 135도 오븐에서 40분간 굽고 냉장고에 넣어 완전히 식힌다.

6 식힌 크렘블레 위에 설탕을 뿌리고 토치로 구워 설탕을 녹여 완성한다.

 기본 재료

생크림 500ml, 설탕 100g, 바닐라 빈 1개, 달걀 노른자 100g

이렇게 무언 갈 그리워 한 적이 있던가?
어떤 모습으로 변해 있을까?
날 기억은 할까?

## his story

저녁이 될 무렵 숙소 침대에 기대어 핸드폰으로 전에 일했던 식당의 전화번호를 찾았다. 반가운 맘에 번호를 순식간에 눌렀다. 뚜뚜뚜 가벼운 신호음과 함께 명쾌한 인사가 전해졌다.

"내일 저녁 7시에 한 사람 예약 가능한가요?"
"잠시만요. 확인해보겠습니다." 잠시 부스럭거리는 소리가 들리더니 이내
"아, 가능하네요! 예약 도와 드릴까요?"
"네, 그렇게 해주세요. 내일 뵐게요."

그렇게 짧은 전화를 끝내고 침대 속으로 몸을 뉘었다. 전화번호를 찾았을 때부터 시작된 두근거림은 통화가 끝나자 더 큰 울림으로 방을 채우는 것 같았다.

이렇게 무언 갈 그리워 한 적이 있던가? 어떤 모습으로 변해 있을까? 날 기억은 할까?

너무나 많은 사념들이 머릿속을 떠나지 않았다. 수차례 뒤척임을 반복한 끝에 어느 새 잠이 들었는지 눈을 떠 오전 일정을 다 소화하고 얼추 시간이 되었을 무렵 택시를 잡아 식당으로 향했다. 식당이 가까워지자 익숙한 모습들이 눈에 들어오기 시작했다.

매일 장을 봤던 마트, 피스타치오 맛 젤라토가 맛있었던 젤라토 전문점, 한 쪽 모서리를

태워서 나오는 피자가게까지...

그러다 로시난테와 마지막을 힘께 한 언덕에 다다랐다.

"저, 기사님 잠시만요. 여기 잠시 멈춰 주실 수 있을까요?"
본능적으로 입에서 그 말이 튀어 나왔다. 황급하게 말한 내가 기사님은 당황스러웠는지
어리둥절한 표정을 지으며 가볍게 브레이크를 밟아 택시를 멈추더니 창문을 열고 주머니
를 뒤적이며 담배를 입에 물고 익숙한 듯 불을 붙였다.

택시에서 내려 천천히 그 자리를 서성였다.
'헤이, 멋진 친구! 나 왔어. 잘 지냈지?' 그렇게 로시난테를 맘속으로 그리며 짧은 인사를
마치고 택시에 올라 식당으로 다시 향했다. 로시난테가 아른거리기 시작할 때쯤 식당에
도착했다.

택시에서 내리니 수 백 번을 오갔을 식당 문 앞이 나타났다. 두근거리는 맘을 가다듬고
심호흡을 크게 한 번 내뱉고 문을 열고 레스토랑으로 들어갔다.

문이 열리자마자 밝은 톤의 "차오 보나세라!"의 인사가 들려왔다. 정장을 말끔하게 차려
입은 직원이 예약 장부를 확인하며 자리로 날 이끌었다.

그렇게 자리에 앉아 그와 눈이 마주쳤다.

'어라, 스테파노잖아?' 그랬다. 7년 전에는 홀에서 일하던 친구였다. 반가운 맘을 숨긴 채
가져다 준 메뉴판을 쭉 훑어보았다.

"추천해 주실만한 요리 있을까요? 와인도 한 잔 곁들이고 싶은데 같이 추천해주세요."

"오늘은 허브에 마리네이드한 어린 돼지갈비와 올리브, 정어리, 세 가지 치즈를 곁들인
스파게티가 좋을 거예요! 와인은 이쪽 지역에서 나오는 끼안티 클라시코 어떠세요?"
예전에 일했을 때 수없이 해왔던 그 요리를 그는 내게 추천하고 있었다.

순간 정신이 아득해지고 예전 내 모습이 주마등처럼 지나갔다.

"네, 좋을 거 같아요. 준비해 주세요. 그런데 잠시 여쭈어 볼 것이 있는데 혹시 7년 전에
주방에서 일했던 한국 직원 중에서 레오나르도라고 기억하세요?"

그는 대번에 "오~ 알죠. 이 식당에서 일했던 근사한 친구였는데 벌써 시간이 그렇게 지
났네요. 그런데 어떻게 레오를 알죠?"
"아! 그래? 그 레오가 나야. 스테파노! 너와 함께 했던~ 완전 오랜만이지!"

그제서야 그는 내게 얼굴을 가까이 대고 나를 물끄러미 쳐다보더니 소리쳤다.
"맘마미아!~~~~~ 내 친구, 레오나르도!"
누가 이탈리아 사람 아니랄까봐. 손을 써가며 눈을 크게 뜨고 나를 반겼다.
"잘 있었어? 너무 좋아 보인다. 이탈리아에는 어쩐 일이야?"
"잘 있었어, 난. 일하고 끝날 때쯤 다시 이야기 할 수 있으면 그때 이야기하자고."

짧은 인사를 하고 그가 가져다 준 음식을 마주했다.
진짜 단언컨대 아주아주 끝내줬다.
주방 안에서 수없이 만들었던 음식을 이렇게 자리에 앉아서 먹기는 처음이었다.

"음식은 어때? 맛있어?"

나는 말없이 엄지를 올렸다.
"이건 이 음식이랑 어울리는 와인인데, 내가 살게."
그는 와인을 두세 가지를 더 가져왔다.

와인과 음식에 빠져 한 입 한 입 음미해가며 빈 접시를 만들어 갈 즈음 "레오나르도!!"라고 외치는 무리의 소리가 들렸다.

접시에서 고개를 돌려 소리가 나는 쪽을 찾아보니 주방 쪽이었다. 그 주방 앞에서 7년 전 나와 마지막 인사를 나눴던 파비오, 마르코, 페데리코, 판티 등 모두가 서있었다. 눈이 마주치자 그들은 미소를 띠며 내게 달려왔다. 홀에 있던 스테파노가 주방에 가서 내 소식을 전한 것이었다.

7년이라는 시간동안 그들은 변함없이 그곳을 지켰던 것이다. 그들을 보자마자 눈물이 터졌다. 아마 내 기억이 맞는다면 서른이 넘어서 가장 많이 운 날이다.

날 기억이나 할까라는 쓸데없는 생각이 눈물로 쏟아져 나왔던 걸까?

그들은 마지막 날처럼 두에바치를 해줬다.
"정말 고마워. 잊지 않아줘서... 너희는 정말 그대로구나!"
"널 어떻게 잊을 수 있겠니! 너야말로 그대론거 같은데."
그렇게 몇 마디를 나누다 빈손으로 왔다는 생각이 들었다.
"친구들 오랜만인데 빈손으로 온 거 같아 미안해. 뭐라도 준비했으면 좋았을 텐데..." 괜히 멋쩍어 하는 내게
"미안하긴, 잊지 않고 우릴 찾아 와준 것만으로도 우린 너무 큰 선물을 받았어. 그냥 네가 선물인거야."
나란 사람 자체가 큰 선물이라니... 애써 멈췄던 눈물이 다시 흘러 내렸다.

그들은 그날 밤 각자의 집으로 가자며 나를 모서(?) 갔고, 모두 모여 시시덕거리며 밤새도록 와인과 완벽한 음식과 함께 했다.

때론 어떤 비싼 선물보다 기억과 추억이 더 큰 감동을 주는 선물임을 느끼게 해준 변함없는 이탈리아와 그곳의 모든 것들이 날 울보로 만들어 버린 밤이었다.

epilogue

매일 반복된 일을 십 수 년 간 해오면서 참 많이도 흔들렸던 것 같다.

모두 내려놓고 훌쩍 떠나고 싶기도, 누워서 아무 생각 없이 잠을 자고 싶기도...

어제도 오늘도 매일 같은 생각을 하고 있는 것 같다.

그럴 때마다

'음식 정말 맛있네요!'

이 한 마디가 지금까지 흔들리던 날 붙잡아줬다.

머릿속에 맴돌며 미소 짓게 만든 한 마디,

아무것도 아닌 그 한 마디가 뭐길래,

그 말을 하며 환하게 웃는 미소가 보고 싶어 오늘도 흔들리는 날 다잡고

식당 문을 열고

다시 불 앞에 선다.

# 한주소금 40년간
# 깨끗한 소금만 담았습니다

소금을 고르는 새로운 기준
**한주소금**은 불순물이 없어 **깨끗**하고 **안전**합니다.

㈜한주
울산광역시 남구 사평로 35, TEL 052)270-5131~4
서울특별시 종로구 종로 5길 68 코리안리빌딩 306호 TEL 02)739-2263

KS 인증
국내소금업계최초